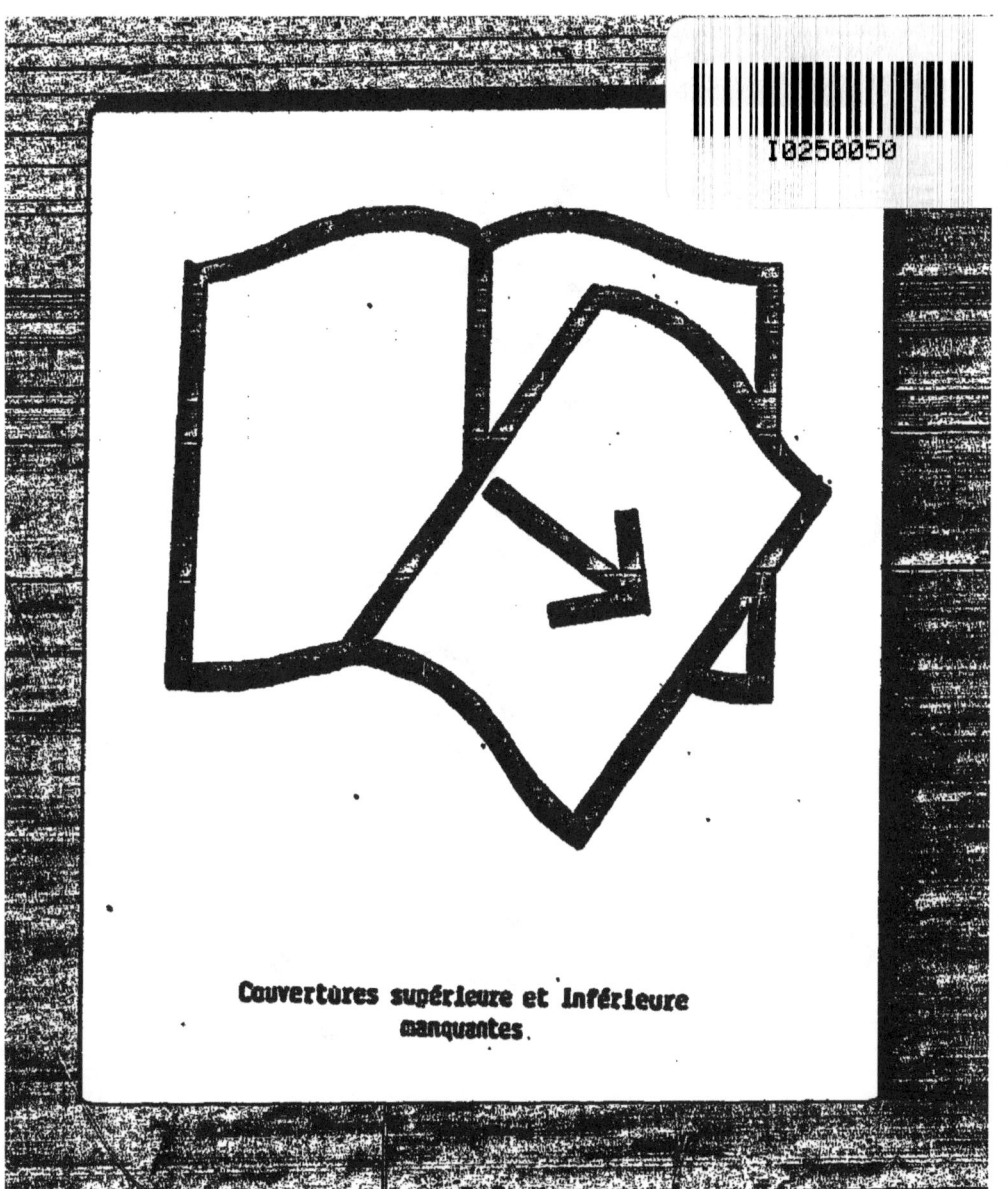

In 27
47438

Don de M. André
Poëy

6 rue Crespin
Paris

ce 2 août 1899.

———

n'est pas doublé
à cataloguer le
plus rapidement possible
D. Blanc

BIBLIOTHÈQUE POSITIVISTE
VULGARISATION DU POSITIVISME

PREMIÈRE SÉRIE

M. ÉMILE LITTRÉ

ET

AUGUSTE COMTE

DU MÊME AUTEUR :

Le Positivisme. Paris, 1876. Un fort vol. in-18 jésus, Germer Baillière.

La Politique négative et la Politique positive. Paris, 1875. Brochure in-18 jésus. Ernest Leroux.

Comment on observe les nuages pour prévoir le temps. Paris, 1879, 3º édition, revue et augmentée. Un beau volume petit in-8º, contenant 17 planches chromo-lithographiées et 3 planches sur bois. Gauthier-Villars. La 2ª édition française a été publiée par le Dépôt des cartes et plans de la marine et distribuée à bord des bâtiments de l'État. Deux éditions anglaises ont été publiées par le Rural New Yorker et par le Smithsonian Institution de Washington.

Table chronologique de quatre cents cyclones éprouvés aux Antilles, de 1493 à 1855. Paris, 1862, 2º édition, in-8º. Challamel, aîné. Publiée par le Dépôt des cartes et plans de la marine et distribuée à bord des bâtiments de l'État. Nº 348.

Bibliographie cyclonique, comprenant 1008 articles, et précédée d'une Introduction. Paris 1866, 2º édition, in-8º. Challamel, aîné. Publiée par le Dépôt des cartes et plans de la marine.

Relation historique et théorie des images photo-électriques de la foudre, observées depuis l'an 360 jusqu'en 1860. Paris. 1861, 2º édition, in-16. Mallet-Bachelier (Gauthier-Villars).

Catalogue chronologique des tremblements de terre ressentis dans les Indes-Occidentales de 1530 à 1858. Paris. 1858, in-8º raisin. (Gauthier-Villars.)

SOUS PRESSE :

Les courants atmosphériques d'après les nuages. — On y signale la dépendance intime entre les courants ascendants et descendants, horizontaux et verticaux, les isobares de basse et de haute pression, la nature et le mouvement des nuages. On y trouvera huit tableaux embrassant 46,283 observations horaires faites à l'observatoire de la Havane en 1862 et 1863, sur la direction des cirrus, des cirro-cumulus, des fracto-cumulus et du vent de surface.

BIBLIOTHÈQUE POSITIVISTE
VULGARISATION DU POSITIVISME

M. LITTRÉ

ET

AUGUSTE COMTE

PAR

ANDRÉ POËY

> On ne détruit que
> ce qu'on remplace.

PARIS
LIBRAIRIE GERMER BAILLIÈRE ET Cie
108, BOULEVARD SAINT-GERMAIN, 108
—
1879
Tous droits réservés.

TABLE ANALYTIQUE

DES MATIÈRES

PREMIÈRE PARTIE

Chap. Ier. — Une vérité.

I. Une accusation de Mme Comte. — Mort d'Auguste Comte. — Sa veuve le déclare athée, fou et libertin. — Procès de Mme Comte. — Dernière visite de M. Littré à Comte. — Prévoyance du maître. — M. Littré, le champion de Mme Comte............ 1

II. Ce que voulaient Mme Comte et M. Littré. — Brillante plaidoirie de Me Allou. — Mme Comte et M. Littré veulent l'anéantissement des dernières conceptions de Comte. — Ils comprennent le maître avec leurs rancunes contre le souvenir de Clotilde de Vaux. — M. Littré est l'inspirateur du procès. — Il se fait l'éditeur de la défense de Me Allou, bravant la réalité accablante des faits... 4

III. Une justice éclatante. — Conclusions du ministère public. — Comte a établi une religion naturelle, scientifique et humaine. — Sa doctrine morale est *vivre pour autrui*. — Elle impose le veuvage éternel. — Il n'en est pas de plus austère, inflexible et pure. — Chez Comte, la vitalité cérébrale ne s'est pas éteinte avant que le corps fût devenu impuissant. — Son testament n'est pas celui d'un fou. — Le procureur impérial conclut au *rejet de la demande*. — Le Tribunal rend son jugement en faveur des exécuteurs testamentaires. — M. Littré n'en démord point sur la folie du maître et la glorification de sa veuve. — Il verse des larmes de crocodile.. 11

IV. L'AIDE DE M. LITTRÉ. — L'aide soi-disant très bornée de M. Littré. — Mᵐᵉ Comte attend son retour. — Souillure du lieu sacré, vente à l'encan, procès, annulation du testament, destruction des papiers dangereux. — Ils prennent d'assaut la succession du Positivisme. — Les six assauts de M. Littré. — Ils élèvent un *piédestal* aux juges. — Comment Mᵐᵉ Comte garde fidèlement la mémoire de son mari. — M. Littré est électrisé par Mᵐᵉ Comte. — C'est pour lui complaire qu'il écrit en collaboration avec elle la « vie » du maître. — Sans Mᵐᵉ Comte, M. Littré n'aurait rien produit en philosophie positive. — Le Numa du néo-positivisme perd son Egérie. — Treize années pour élever le piédestal sur lequel on comptait asseoir les juges. — Ce piédestal est en entier dans la « Vie de Comte », écrite par le disciple. — Toutes ses accusations ont passé par les lèvres de l'avocat de Mᵐᵉ Comte. — La religion de l'humanité, le mystère de la Vierge-mère, le fatal secret, les pratiques mystiques, le désir de vivre par amour pour l'humanité, la privation de vin, de café, d'excitants, le pesage de sa nourriture, sont déclarés autant d'actes de folie chez Comte. — Les années de grâce de M. Littré. — Son concours. — Quelle jouissance de triage : au feu le libertinage, la folie et l'athéisme ! — Plaidoirie de Mᵉ Charrier en défense des œuvres de Chénier. — Dépôt sacré de Comte, que sa veuve et M. Littré demandaient qu'on livrât aux vengeances de leurs rancunes.. 16

Chap. II. — UNE JUSTIFICATION.

I. M. ÉMILE LITTRÉ. — Ses rudes coups de griffes. — Nous acceptons ses épithètes. — Nous ne manquons pas de respect à sa personne. — Nous eussions préféré la discussion sérieuse à l'ironie. — Depuis vingt-deux ans, M. Littré fulmine contre le maître un réquisitoire bourré d'allégations offensantes, niaisement malveillantes et diffamatoires. — Il traite le maître de fou et de mystique, jetant le ridicule sur ses plus profondes conceptions. — Le disciple pontifiant s'agite dans un coin de la philosophie positive. — Sa *Revue* prêche des savants convertis. — Quand on réfute M. Littré, on croit réfuter Comte. — Les petites finesses de la lyre philosophique de M. Littré et ses arguties. — Le bon sens universel est plus habile. — Comme lui, nous le reprendrons et nous le louerons. — La *Revue scientifique* dit de notre volume sur le Positivisme qu'il « est fait de verve et de bonne foi ». — Cette bonne foi nous touche profondément. ... 37

II. Nous, LES VRAIS POSITIVISTES. — Ni dupeurs ni dupés. — Le chorus contre les vrais Positivistes. — Pourquoi acclamer des Herbert Spencer et des Hartmann lorsqu'on a en France un Auguste Comte? — Nos représentants que l'école Littré n'a point. — M. Robin a oublié la biologie et l'éducation positives. — Cours et conférences de Pierre Laffitte. — L'école Littré n'a pas d'enseignement. — Ses projets insensés d'école de la philosophie positive. — L'unique leçon de M. Littré. — Les convertis du cours de M. Laffitte. — L'équivoque de l'école Littré. — L'école monistique. — Comment on est disciple de M. Littré. — Plus de Dieu ni de culte. — M. Littré n'en sait rien. — Son discours à la loge de la Clémente Amitié. — Sa Philosophie ne nie ni n'affirme. — Le nouveau courant du règlement et du ralliement des cerveaux. — L'école Littré baisse et l'école Laffitte monte.................. 46

III. LA REVUE LITTRÉ-WYROUBOFF. — Elle accouche d'une souris enragée. — Comment elle se débat. — Sortie du porte-voix de M. Littré. — Réponse. — M. Wyrouboff met en pratique les préceptes du patron. — Elle escamote les vraies conceptions de Comte. — Une mise en scène. — Un chef-d'œuvre du genre Escobar. — L'abondance vraiment extraordinaire de nos citations...................... 50

IV. NOTRE VOLUME. — Ce qui est de nous, des exécuteurs testamentaires et de Comte. — Notre volume n'est pas un commentaire sur les commentaires des exécuteurs testamentaires. — La part qui nous revient dans chaque chapitre, dont les titres sont : Préliminaires; La philosophie positive; La révolution d'Auguste Comte; L'évolution négative de l'Humanité; L'évolution positive de l'Humanité; La révolution de la Philosophie positive; Le fin mot du Positivisme; Les limites du Positivisme; Comment se forment les sciences positives et les Positivistes; Ce que nous sommes; ce que nous étions au début du christianisme; Le spiritualisme et le matérialisme négatifs; Le théisme, le déisme et l'athéisme négatifs; Le fétichisme positif; La physique négative et la physique positive; Le Darwinisme négatif et le Comtisme positif; La politique négative et la politique positive; L'esthétique négative et l'esthétique positive. — L'accueil de la revue Littré-Wyrouboff à la *Revue philosophique* de Ribot. — La première prend d'assaut l'héritage de Comte et sert de piédestal auprès de Mme Comte. — Tout jusqu'au titre y est d'un savant calcul. — Réponse de la Revue de Ribot. — Critique loyale des Revues philosophique et scientifique de Renouvier et d'Alglave. — Nous n'avons pas failli à notre programme........ 63

CONCLUSION. — Au grand public. — Sophisme, ignorance et rancune de la Revue Littré-Wyrouboff. — Point de bouquins à coups de ciseaux. — Nos glossaires-index des mots, tables des matières et auteurs des écrits de Comte. — Nous savons tout ce qu'il a dit. — Nos extraits jusqu'à la quintessence. — Notre œuvre est personnelle. — On ne peut pas consulter. — On est pillé, bafoué ou jalousé. — Nous ne sommes d'aucune coterie. — La consultation est une paresse d'esprit. — Une originalité est un tempérament *sui generis*. — A quoi bon consulter une découverte perçue par vous seul? — Comte avait raison de rejeter les conseils. — Que pouvait objecter M. Littré lorsqu'il ignore encore la doctrine du maître? — Mieux vaut cette franchise de Comte.................. 91

Chap. III. — M. EMILE LITTRÉ AU TRIBUNAL DU POSITIVISME.

I. LA POSTÉRITÉ. — Responsabilité de Mme Comte et de M. Littré. — La burlesque comédie démasquée. — M. Littré devant le tribunal suprême de la conscience publique. — Les accusations que nous formulons contre M. Littré. — Notre plaidoirie auprès de l'Humanité........................... 96

II. LA VIERGE-MÈRE. — Parlant au nom de morts qui gouvernent les vivants, la postérité dira à M. Emile Littré : L'hypothèse de la Vierge-mère est une limite imaginaire en vue de régler l'instinct sexuel et la procréation. — Elle ne dépasse point les limites d'une saine utopie scientifique. — L'espace, l'analyse infinitésimale, l'inertie, le liquide mathématique, l'éther, l'atomisme, le dualisme, la force vitale, la souveraineté populaire, le droit et Dieu, sont autant d'utopies qui ont rendu d'immenses services. — Le substitut du procureur impérial affirme que ce n'est point de la folie. — C'est une ignominieuse calomnie de M. Littré. — Le maître le prouve 97

III. L'IMITATION DE JÉSUS-CHRIST. — L'interprétation de M. Littré est encore fausse. — Comte ne lisait pas l'Imitation pour rendre son cerveau fiévreux jusqu'au délire mystique. — Il la lisait en philosophe et en moraliste. — Le mysticisme Comtiste est une mystification Littréiste. — Comte rend le même hommage au Traité de l'amour de Dieu de Saint-Bernard. — Pierre Jannet le reconnaît dans sa charmante édition.................................... 102

IV. LE TRIUMVIRAT RELIGIEUX. — L'interprétation de M. Littré est toujours fausse. — Point d'influences de son enfance catholique chez Comte. — Point de théologie dans la conception du Grand-Être, du Grand-Milieu et du Grand-Fétiche. — C'est l'Humanité, c'est le siège des lois abstraites et concrètes, c'est notre propre siège, et comme la Patrie, objets sacrés de notre affection.......................... 107

V. LA CAUSE PSYCHOLOGIQUE. — Il y a du poison dans l'encens de M. Littré. — Jamais les écailles ne tombèrent des yeux de Comte. — Le mysticisme imaginaire de Comte ne fut pas une aggravation de sa méthode subjective. — Le jugement de la postérité est un fier mépris. — Le disciple infidèle et son œuvre dévoilés. — M. Littré jette sur Comte un ridicule inouï et cruel................................ 109

VI. LE JUGEMENT. — Auguste Comte au pinacle du savoir humain. — Il nous aura réglé et rallié. — Dans cette formule: « *agir par affection, et penser pour agir*, il nous aura révélé le vrai sentiment humain, en nous révélant que l'homme est à lui-même son propre Dieu. — M. Littré est fier de sa personnalité. — Il a conscience du dénigrement qu'il a provoqué contre Comte. — Il est responsable du mauvais usage qu'il fait de la Philosophie positive, de la lenteur qu'elle met à se faire jour, du chaos dans lequel il l'a plongée, de ses détracteurs. — Il a fait naître les attaques les plus réussies contre Comte. — Il a inventé les deux phases de l'œuvre du maître. — Il a provoqué la scission de l'école positiviste. — S'il n'a pas osé, Comte vivant, lancer ses calomnies, c'était parce que le maître était là pour l'anéantir. — La postérité dira : M. Émile Littré était-il de bonne foi ? — Comment ne lui a-t-on pas appliqué le mot de Bismarck à Napoléon III : « Une grande incapacité méconnue. » — Son incapacité est manifeste en Philosophie positive. — Il n'est un esprit ni philosophique ni synthétique. — C'est un esprit analytique, dépourvu de doctrine et de méthode. — Il ne s'écarte pas du terre-à-terre. — Le Positivisme lui a donné une formule qu'il ne comprend pas. — Il porte sur le compte de la folie du maître ou de l'incognoscible les questions qui l'embarrassent. — Pressé de s'expliquer : « sa philosophie ne nie ni n'affirme ». — Point d'originalité ni de profondeur. — La plupart des définitions tirées de la doctrine de Comte sont inexactes dans son Dictionnaire. — Les écoles réalistes et positivistes lui porteront le premier coup. — Le Dictionnaire de la langue française est à refaire au point de vue de la *Réalité*. 113

DEUXIÈME PARTIE

Chap. Ier. — Auguste Comte a-t-il changé de méthode ?

Position du problème. — La méthode subjective doit devenir sociologique. — Passages tronqués choisis par M. Littré. — Réfutations manquées chez les fidèles élèves. — Plaidoirie avortée du Dr Bridges. — L'unité de la vie et de la doctrine de Comte est dans sa systématisation de l'objectif et du subjectif. — Comte n'a pas changé de méthode, mais il l'a modifiée. — Il fallait le proclamer bien haut. — Il serait resté plongé, comme M. Littré, dans une négation perturbatrice. — Comment M. Littré n'a-t-il pas eu connaissance de cet accord des deux méthodes ? — Voulait-il se payer une découverte à sensation ? — Huit passages de Comte ayant trait à l'accord des deux méthodes. — L'influence inconsciente que Clotilde de Vaux exerça sur l'esprit inconscient de Comte ne fut point mystique. — M. Littré n'a qu'un semblant de raison. — On n'escamote pas de la sorte l'honneur du maître. — L'argumentation de M. Littré n'est ni loyale ni sérieuse. — Les modifications introduites par Comte germinent chez lui dès 1836, et se développent jusqu'à l'avénement de la Sociologie. — Nous nous plaçons sur le terrain de la Philosophie positive, que M. Littré prend en héritage............. 117

Chap. II. — M. Littré a mal interprété la méthode positive.

Le bon passage que M. Littré trouve dans Comte. — Comte n'a jamais pris la méthode pour arbitre souverain. — Elle se réduit à quelques généralités vagues. — M. Littré veut faire croire que Comte s'est égaré dans sa méthode subjective. — Il s'imagine démolir Comte quand il croule lui-même. — Il lit et discute Comte sans le comprendre. — Comte n'a rendu la méthode ni immutable ni irrécusable. — Mauvais exemple de M. Littré sur le calcul différentiel. — Les expressions de méthodes théologique, métaphysique, positive, objective et subjective ne peuvent être prises que par extension. — Il y a les méthodes inductive, déductive et constructive, constituant la méthode universelle. — Induire pour déduire afin de construire.................... 137

Chap. III. — La méthode est inséparable de la doctrine.

La vérité sur la méthode positive faussée par M. Littré. — Elle est inséparable de la doctrine. — La méthode appliquée à la sociologie dérive de l'ensemble de cette science. — Le précepte de procéder du simple au composé ou du particulier à l'ensemble est seul applicable aux sciences inorganiques. — Dans les sciences organiques, et surtout en sociologie, le connu est le composé et l'ensemble. — La liaison entre la méthode et la doctrine émane du consensus social. — Depuis 1822, Comte n'a jamais récusé l'œuvre de sa jeunesse, qu'il exécutait dans l'âge mûr. — L'unité de sa vie et de sa doctrine. — On ne peut pas appliquer à Comte : Littré oui de 1849, Littré non de 1879. — La méthode n'est ni absolue, ni juge impersonnel, ni souveraine, ni le lien qui enchaîne des convictions, et ne prime pas tout. — Dans les facultés cérébrales, en sociologie, en morale, on va des fonctions aux organes, ou de la dynamique à la statique. — Non pas à la manière du « Plan d'un traité de sociologie », de M. Littré. — La statique n'est pas moins la base de la dynamique, d'après le principe de d'Alembert. — C'est la troisième loi de Philosophie première, fondement de la Politique positive — C'est la méthode de logique universelle découlant du consensus social. — M. Littré croit impossible de déterminer l'organe par la fonction. — C'est la méthode suivie dans les localisations des fonctions cérébrales, des centres moteurs, de la topographie crâno-cérébrale. — Dix ans avant Broca, Comte avait situé l'organe de la parole où on le place aujourd'hui. — C'est son cinquième organe intellectuel. — Aristote fournit la base de la statique sociale, et méconnaît la dynamique sociale. — Les anciens se limitent à la statique et la dynamique naît de la science moderne. — Seul le Positivisme peut systématiser les conceptions statique et dynamique, à l'aide de la sociologie. — L'indépendance et le concours, base de la Sociologie, de la Morale et de la Religion de l'Humanité. — L'embrouillamini de M. Littré. — La méthode se convertit en doctrine et *vice versa*. — La doctrine prédomine en chimie. — Fausse interprétation de la méthode dans le Dictionnaire de M. Littré.. 150

Chap. IV. — La méthode est récusable.

L'histoire est pleine de méthodes récusées. — La perfection relative est dans la loi. — Comte nous fournit la méthode réelle. — Ses deux outils, objectif et subjectif. — Il crée l'Humanité dans sa triple expression, physique, intellectuelle et morale. — Agir par affection, et penser pour agir. — L'unité cérébrale. — L'expression républicaine. — Comte reproduit l'univers dans les plis du cerveau. — M. Littré ne peut plus récuser la méthode de Comte. — Quand M. Littré croit faire du positivisme, il fait de la métaphysique... 168

Chap. V. — Comment l'esprit dirige la méthode.

— L'esprit dirige la méthode et l'esprit est dirigé par la méthode. — Preuves dans l'évolution humaine. — Il n'y a point de renversement entre ce qui gouverne et ce qui est gouverné. — Aristote, Descartes et Comte ont seuls systématisé les connaissances humaines. — Aristote, d'après la méthode subjective absolue; Descartes, d'après la métho'e objective absolue; Comte, d'après la combinaison relative de ces deux méthodes réformées. — Elle va du monde à la vie et retourne au monde. — A partir de Comte, le point de vue est universel. — L'absolu conduit à la folie ou à l'idiotisme. — C'est M. Littré qui brouille et confond les deux méthodes d'une façon inextricable. — La méthode subjective, les sciences et l'esthétique doivent devenir sociologiques. — M. Littré méconnaît cette profonde vérité. 174

Chap. VI. — Le point de vue universel.

La question n'est point telle que M. Littré la pose. — La loi de la gravitation n'est pas universelle. — M. Littré ne sait où ni comment trouver le point de vue universel. — Pas même celui de chaque science. — La loi de Newton émane des trois lois de Képler. — On va, en mathématiques et en astronomie, du particulier à l'ensemble. — En sociologie et en morale, c'est de l'ensemble au particulier. — Point de synthèse partielle. — Le point de vue universel de Comte embrasse la vie et le monde. — Pourquoi la méthode subjective doit être sociologique. — Le point de vue universel est d'une double nature. — Il est dans la morale, d'après la coïncidence entre le monde et l'homme. — Deux généralités, objective et subjective. — La complication fait croître la généralité subjective, et décroître la généralité objective. — M. Littré ne les conçoit pas. — Piteuse mine de sa méthode objective. — L'universalité mathématique est dans la création subjective de la méthode infinitésimale. — Les quinze lois universelles de la Philosophie première. — Les conceptions abstraites et concrètes de M. Littré sont bien vagues, confuses et brouillées. — La méthode universelle de Comte. — Elle était à peine ébauchée. — Elle embrasse la déduction, l'induction et la construction. — La logique positive est induire pour déduire afin de construire. — M. Littré n'a pas plus d'idée de la nature de l'universalité positive que de celle des méthodes déductive et objective... 183

Chap. VII. — CE QU'EST LE PLAN D'UN TRAITÉ DE SOCIOLOGIE DE M. LITTRÉ.

I. LE PLAN. — M. Littré anticipe toujours, et nous attendons depuis vingt ans. — Il ne voit pas grand'-chose en sociologie. — Il ne sait si la dynamique doit précéder la statique. — Le cœur à droite..... 207

II. LA SOCIODYNAMIE. — L'état dynamique d'entretien ou sociergie, et l'état dynamique de progrès ou sociauxie.. 210

III. LA SOCIERGIE. — La dynamique d'entretien. — L'économie politique ou socioporie. — La morale ou sociagathie. — Les lettres et les arts ou sociocalie. — La science ou socialéthie. — Le gouvernement ou sociarchie............................. 211

IV. LA SOCIAUXIE. — La dynamique de progrès. — L'accumulation, la transmission, l'état empirique. — Périodes des besoins, du moral, du beau, de la métaphysique, de la science. — Tout cela n'a rien à faire avec la doctrine de Comte. — Le mythe d'Ève et la théologie donnant naissance à la métaphysique n'ont point de nom en Philosophie positive. — M. Littré ignore le rôle dissolvant de la métaphysique. — Mauvaise interprétation de l'élaboration grecque. — Les huit chapitres de sa sociauxie. — Il y a à boire et à manger dans ce banquet d'abstrait et de concret. — La dynamique de progrès est à peu près la même chose que la dynamique d'entretien.. 215

V. LA SOCIOMÉRIE. — Les deux socioméries. — Deux états dynamiques et un seul état statique. — La statistique ou démographie. — Les groupes de la sociauxie. — M. Littré s'attribue la découverte des groupes des nations. — Elle est dans Comte, mais bien différemment....................................... 225

VI. LA SOCIOTARAXIE. — Quatre genres de perturbations sociales ou taraxies. — Comment une perturbation peut-elle relever de la statistique? — Les perturbations sociales ne sont point du domaine sociologique, cependant elles produisent des perturbations sociales. — C'est un esprit de l'autre monde. — Le fortuit dans l'histoire — C'est une trouvaille de M. Littré. — Quelle différence y a-t-il entre le domaine sociologique et l'histoire? — Le destin, la providence, la loi, le hasard, d'après Comte. — Le hasard est la loi inconnue, le destin est la loi connue. — Les troubles sociaux ne sont point des révolutions suivant M. Littré. — Les chutes des opinions sont seules des révolutions. — Il manque de nouveaux néologismes à la racine *socio*. — Lorsque le peuple se bat sur les barricades, nous sommes en *taraxie sociauxique*.................................. 228

VII. CONCLUSION ET DÉDUCTION. — Coordination, vues et idées, rien n'y manque. — Epilogue de M. Littré entonnant ses propres louanges. — Parallèle très peu flatteur pour Sainte-Beuve. — Le rôle politique que M. Littré n'a jamais demandé. — Franchise et reconnaissance du philosophe positiviste. — L'art avec lequel M. Littré manie l'arme de fausse modestie. — Il s'étonne qu'on n'ait pu rien constater dans son plan. — Pourquoi il l'entreprend. — Les six traités. — Il n'existe, d'après M. Littré, ni modèle, ni plan, ni traité, ni sociologie elle-même. — Cependant, Comte a créé la sociologie et il est possible de connaître, de prévoir, de modifier les phénomènes sociaux. — C'est ainsi que le disciple souffle le froid et le chaud. — Il est bien heureux que MM. Littré, Robin et Wyrouboff n'aient pu réaliser la composition des six traités. — Espérons que les « années de grâce » de M. Littré nous feront grâce de sont *sociogâchis*. — M. Littré ne laisse rien traîner. — Ses demi-livres de réimpressions. — Mais il laisse tranquillement dormir son plan et ses néologismes. — M. Littré rougirait-il de son plan d'un traité de sociologie et de ses onze néologismes?.................................. 234

PREMIÈRE PARTIE

CHAPITRE PREMIER

UNE VÉRITÉ.

> « Vivre pour autrui, afin de
> revivre dans autrui. »
> A. COMTE.

1. — UNE ACCUSATION DE MADAME COMTE.

Le 5 septembre 1857, à six heures et demie du soir, le plus grand des mortels entrait dans l'Éternité. Auguste Comte n'était plus, mais au sommet de l'Humanité, son immortalité subjective commençait.

Jour pour jour, deux mois après, le jeudi soir 5 novembre 1857, en séance des Référés, Mme Comte faisait soutenir par son avoué, ouï par M. le président Prud'homme, en son cabinet, elle présente :

1° Que M. Comte était athée;

2° Qu'il était fou, et qu'elle se proposait de faire attaquer son testament comme émanant d'un fou.

« L'avoué a ajouté ensuite :

« M. Comte a trois anges :

« 1° Mme de Vaux ; 2° sa gouvernante, ou plutôt sa cuisinière ; 3° je n'ose, a-t-il dit, M. le Président, ajouter que M. Comte a compris sa mère dans une telle compagnie.

« Rédigé le jeudi soir, 5 novembre. »

M. Pierre Laffitte, président de l'exécution testamentaire, observe avec douleur : « Ainsi donc, voilà les tristes calomnies où le plus grand et le plus pur des hommes était accusé à la fois de libertinage et de folie ; du reste, ces déplorables accusations ont été de nouveau répétées par Mme Comte, devant moi et d'autres témoins.[1] »

L'affaire fut inscrite au rôle de la première

---

[1] Dixième circulaire adressée à chaque coopérateur du libre subside institué par Auguste Comte pour le sacerdoce de l'Humanité. Paris, le 26 Homère 70 (23 février 1858), p. 2-3. Reproduite dans Robinet. *Notice sur l'œuvre et sur la vie d'Auguste Comte.* Paris, 1864, 2ᵉ édit., p. 565-577.

chambre du Tribunal civil de la Seine; elle fut appelée pour la première fois, le vendredi 31 décembre 1869; renvoyée de semaine en semaine, les plaidoiries commencèrent le vendredi 4 février 1870. Ce procès commencé le 5 septembre 1857, prit fin le 25 février 1870. Nous dirons tout à l'heure pourquoi le procès intenté par Mme Comte contre les exécuteurs testamentaires de son mari, traîna *treize ans !*

Une prévoyance profonde avait inspiré à Auguste Comte que *seule Mme Comte, de concert avec M. Littré, pouvait troubler l'exécution de ses dernières volontés*, et il avait pris ses mesures[1].

---

[1] Dans les derniers jours de sa maladie, Auguste Comte disait au docteur Robinet, son médecin, les paroles suivantes rapportées par cet élève : « Il m'entretint ensuite d'une entrevue toute récente que sa longanimité habituelle n'avait pu refuser aux instances de M. Littré, et me dit toute la peine que lui avait causée cette regrettable visite. A travers les remontrances, les objections et les critiques qui avaient rempli la conversation de M. Littré, il avait senti la profonde animosité que nourrissait contre lui cet ancien disciple, et il s'était promis de ne plus le revoir. » Robinet, *Notice sur l'œuvre et sur la vie d'Auguste Comte.* Paris, 1864, 2e édition, p. 321.

Hélas, la prophétie du maître se réalisa ! M°" Comte trouva un défenseur unique, qui se fit son champion, ce fut M. Littré.

Que voulaient M°" Comte et M. Littré ? Que s'était-il passé ?

II. — CE QUE VOULAIENT M°" COMTE ET M. LITTRÉ.

A l'audience du 11 février 1870, M° Allou s'écrie : « M°" Comte, ardemment soutenue par M. Littré, veut la suppression, l'anéantissement, dans les idées d'Auguste Comte, de celles qui se rattachent à la dernière partie de sa vie. M. Littré et M°" Comte ne voient que folie et aberration dans la conception religieuse, et ils ne revendiquent la propriété des œuvres littéraires posthumes qui se rattachent à cette période, que pour les détruire, à la plus grande gloire de Comte ?...

« De quel droit M°" Comte et M. Littré peuvent-ils donc prétendre à scinder ainsi la pensée, l'œuvre, la vie d'Auguste Comte ? Qu'est-ce donc que ce respect de la mémoire qui les conduit devant la justice pour l'outrager ? Quelle est cette pensée étrange de soumettre, en définitive, à votre appréciation, messieurs, les idées de Comte, en vous demandant de les approuver ou de les condamner et de dire : vérité en deçà, erreur au delà ! Quel est donc ce *criterium* suprême et infaillible, en vertu duquel, vous, nos adversaires, vous entendez juger les idées de celui dont vous reconnaissez la raison si haute et si puissante ?

« Ah ! sans doute, il vous est libre de choisir dans les travaux de Comte, d'accepter et de répudier à votre gré, de vous incliner devant telle ou telle démonstration, et de protester énergiquement contre telle ou telle autre. Mais ce choix, quel est le pouvoir qui vous autorise à l'imposer, à votre tour, comme une règle universelle.

« Vous dites que vous êtes le positivisme ? Non ! vous êtes M. Littré et sa doctrine, fille du positivisme, mais fille indépendante et révoltée !

« Pourquoi donc confisquer ainsi à votre

profit, et depuis la mort de Comte, un nom qui ne vous appartient pas et que vous n'avez pas le droit de porter? Les positivistes, ce sont les disciples de Comte; ils ne l'ont pas renié à la dernière heure. Vous façonnez un positivisme à votre guise. Vous faites des *Traités positivistes*, vous fondez une *Revue positiviste*; de quel droit? Vous êtes positivistes, comme les protestants sont catholiques! Encore une fois, faites votre doctrine à vous : dites, comme M. Wurtz, que vous êtes pour la méthode expérimentale qui, tout en étant positive, n'a rien de commun avec le positivisme! Mais n'arrachez pas de nos mains un drapeau qui ne vous a pas été confié, que vous n'avez pas le droit de porter, et que vous ne voulez saisir que pour le déchirer!.. »

« Est-ce que vous pouvez dire : Auguste Comte est un penseur profond jusqu'à telles limites qui sont celles de ma pensée; au-delà, un voile sombre s'est étendu sur son esprit profond, et tout est désordre, confusion dans ses conceptions.

« Comment ! M. Littré offre de prendre cette responsabilité étrange, de mettre la main sur les œuvres d'Auguste Comte? Il dit : J'accepte celles-ci et je répudie celles-là. Je chercherai dans les papiers qu'il a laissés. Soyez tranquille, je le ferai raisonnable et sage! Pour la glorification de la mémoire du philosophe, M. Littré fera un triage intelligent dans l'ensemble de sa correspondance, et l'avenir, en jugeant le philosophe, ne jugera que M. Littré !

« Ah ! vous croyez que c'est là prouver votre respect pour Comte, votre respect pour la vérité, votre respect pour l'histoire. Nous ne revendiquons, nous, pour Auguste Comte, que le droit de répandre toutes ses idées, le droit de la libre-pensée. Les hommes jugeront ensuite. Faisons œuvre de loyauté et de conscience d'abord, et laissons à chacun son choix, à chaque intelligence sa liberté.

« Mais à partir de ses derniers travaux, il n'y a que défaillance dans son intelligence?

« Eh! qu'en savez-vous, pauvre femme? Vous comprenez Auguste Comte avec M. Littré, avec vos colères, avec vos rancunes, contre le souvenir de Clotilde de Vaux; vous ne pouvez donc pas être son juge!...

« M. Littré se trompe quand il vient ainsi condamner Comte avec Comte lui-même. Ceux qui défendent la politique positive montrent aisément son erreur.

« Auguste Comte a proscrit l'idée théologique, soit; mais il n'a pas créé une théologie; il a créé une religion positive, suite et conséquence de ses idées fondamentales elles-mêmes.

« Dans son système philosophique s'interdisait-il toute espèce de retour aux sentiments religieux? Il est permis de dire que non, car Lamennais écrivait, dès 1826, qu'Auguste Comte posait les bases d'un nouveau pouvoir spirituel, et les élèves de Comte ne sont pas embarrassés, aujourd'hui, de retrouver dans ses premiers travaux le germe de ses conceptions religieuses……

« Messieurs, il ne faut pas prendre absolument à la lettre l'histoire de Comte telle que la raconte M. Littré; M. Littré et

Mme Comte marchent d'accord dans ce débat; ils se prêtent un mutuel appui; ils défendent une cause commune, et dès à présent je tiens à vous livrer l'inspiration véritable du procès. Pour Mme Comte, il s'agit de briser en deux parties la vie de son mari; la première, où elle a été associée à son existence, raisonnable, digne, laborieuse, féconde, éclatante par de grands travaux; la seconde, où Auguste Comte est demeuré seul, où il s'est créé d'autres affections, d'autres tendresses, et qu'elle veut sacrifier et anéantir. Pour elle, ces dernières années sont les années du désordre et de la démence.

« Quant à M. Littré, qui n'a accepté des doctrines de Comte que celles de la *philosophie positive*, il établit aussi, dans le domaine des idées, et lorsqu'il s'agit de son maître, une ligne de démarcation profonde entre les conceptions de la première période de sa vie et celles de la seconde. Lui, l'élève, qui se glorifie de l'être, il dit cependant bien haut : Je m'arrête ici, et je refuse d'aller au delà; c'est son droit; mais ce que je ne puis comprendre, c'est cette prétention étrange de mutiler à son gré la doctrine de Comte et de s'abriter encore sous son drapeau, après avoir répudié la moitié de ses idées. Ce qui m'étonne davantage, c'est cette hardiesse à soutenir que là où M. Littré abandonne Comte, la folie et la déraison commencent chez le penseur. C'est pourtant là ce que M. Littré dit bien haut, et c'est par là qu'il se rapproche de Mme Comte.

« Oui, cette association existe. Oui, le but qu'on se propose est bien celui-ci : pour Mme Comte, dans un sentiment irrité et jaloux, il s'agit de conserver seulement de l'existence de son mari le temps qu'elle a vécu près de lui, et de chasser, comme les hallucinations de la démence, les affections de la dernière partie de sa vie. Pour M. Littré, Comte n'existe que tant qu'il l'accompagne; il veut le façonner pour l'avenir, selon le caprice de ses propres conceptions; il veut bien l'adorer comme son créateur, mais à condition de le créer de ses propres mains ! Il est l'inspirateur véritable du procès actuel, plus ardent que Mme Comte elle-même¹. »

La plaidoirie de M° Allou est belle, d'une éloquence indignée, qui la fait éclater en transports d'une saisissante vérité. Il faut la lire d'un bout à l'autre; mais nous sommes obligés de nous borner à ces passages saillants, dont M. Littré s'est fait l'éditeur. C'est une manière de braver la réalité accablante des faits.

III. — UNE JUSTICE ÉCLATANTE.

M. d'Herbelot — substitut du procureur impérial — prit alors la parole pour poser les conclusions du ministère public.

On n'accusera, certes, ni M° Allou, ni M. d'Herbelot, d'être des positivistes. Ils ne sont pas probablement partisans de Comte, et tous deux croient en Dieu. C'est leur droit. Il s'agissait simplement de savoir

---

¹ Littré, *Revue de la Philosophie positive*, 1870, t. VI. p. 350, 360, 364, 365, 370.

Cette Revue ne dira pas qu'ici nous empruntons nos citations aux exécuteurs testamentaires.

si le testament d'Auguste Comte était le testament d'un fou, suivant les accusations de Mme Comte et de son champion, M. Littré. Si Comte était fou, la loi annulait son testament, et gain de cause était donné à ses ennemis, ameutés après le philosophe. Si, au contraire, Comte n'était pas fou, ni avant, ni durant, ni après sa dernière volonté, le testament était valable devant la loi, et la vraie école positiviste triomphait enfin. Là était la question pour le juge.

Auguste Comte était-il fou ? C'est le substitut du procureur impérial qui va nous répondre. « Se plaçant, comme dit M. Laffitte, d'une manière précise au point de vue juridique, avec la netteté d'un jurisconsulte et l'élévation impartiale d'un magistrat, » M. d'Herbelot s'écrie : « Athée et philosophe, il (Auguste Comte) a songé aux besoins de l'Humanité; il a jugé qu'elle ne pouvait se passer d'une Religion, et il en a donné une, Religion purement naturelle, normale, rationnelle, scientifique, humaine : il n'admet pas de mystères, pas de révélation, pas de volonté surnaturelle; il n'accepte aucune croyance dont sa raison n'ait pu lui démontrer l'exactitude. Telle est cette Religion. Est-elle une folie? Je ne le crois pas... Je ne sais si la Religion de Comte découlait nécessairement de sa philosophie, mais l'organisation du culte était la conséquence indispensable de la fondation de la Religion, de même que l'organisation du sacerdoce devait infailliblement suivre celle du culte. »

Voilà pour l'athéisme de Comte, et voici pour son immoralité et son *libertinage* : « Il n'en est pas de plus austère, — ajoute M. d'Herbelot, en parlant de la doctrine morale du Positivisme, — de plus inflexible, de plus pure, depuis celle incomparable que nous a léguée le christianisme; elle se résume en une seule maxime : *Vivre pour autrui*, et se caractérise par un mot : l'*altruisme*, un néologisme; elle est non moins remarquable dans le détail; je cite au hasard : elle impose l'obligation du veuvage éternel et prohibe les secondes noces... »

Et maintenant, voyons pour la folie du

testament les paroles loyales de M. d'Herbelot : « Il (le testament) proteste tout entier contre cette accusation (celle de folie), et sa lecture attentive est la réponse la plus concluante à la demande de Mme Comte. Je ne puis la faire devant le tribunal, mais je veux seulement placer sous ses yeux, en finissant, un passage non moins remarquable par la pensée que par le style. Comte parle du regret qu'il aura de mourir au milieu de son œuvre encore inachevée, et il s'exprime ainsi : « La principale imperfection de l'organisme humain consiste en ce que le corps et le cerveau sont tellement disproportionnés, que celui-ci pourrait durer ordinairement deux ou trois fois plus que celui-là, si la statue pouvait se passer du piédestal. En s'éteignant à cent ans, Fontenelle offrait tous les signes d'une vitalité cérébrale qui n'avait encore été nullement altérée; ainsi la Religion positive consacre le sentiment spontané qui nous fait regretter la vie, quand nous restons capables d'aimer, de penser, même d'agir pour la famille, la patrie ou l'Humanité, quoique l'impuissance d'un corps annule l'aptitude du cerveau. »

« Eh bien ! chez Comte, je crois pouvoir affirmer que la vitalité cérébrale ne s'est pas éteinte avant que le corps ne fût devenu impuissant, et que son testament n'est pas celui d'un fou. »

Ainsi, de l'aveu du substitut du procureur impérial, Auguste Comte *n'était pas fou!*

Après cet examen approfondi, M. d'Herbelot conclut au *rejet de la demande.*

Enfin, dans la séance du 25 février 1870, le tribunal rendit son remarquable jugement : « *Statuant sur la fin de non-recevoir du défaut de qualité de la demanderesse.* »[1]

Croit-on que M. Littré se tînt pour battu ? Pas le moins du monde. Avec un imperturbable aplomb, il reproduit dans sa *Revue*[2]

---

[1] Voir le jugement du tribunal et les remarques de M. Laffitte dans sa *Vingt-deuxième circulaire à chaque coopérateur du libre subside institué par Auguste Comte pour le sacerdoce de l'Humanité.* Paris, le 13 Aristote 82 (10 août 1870) p. 13-21.

[2] Littré. *Revue de la Philosophie positive*, 1870, t. VI, p. 321-403.

les plaidoiries, répliques, conclusions et jugement, qu'il ose accompagner d'une introduction dans laquelle, ne tenant nul compte du jugement du tribunal, il n'en démord point sur la folie du maître et sur la glorification de cette pauvre victime, Mme Comte.

Laissons donc le disciple tranquillement « pleurer à la vue douloureuse de cette décadence d'un grand esprit (Auguste Comte). » Ce sont des larmes de crocodile.

IV. — L'AIDE DE M. LITTRÉ.

Le passage suivant de M. Littré nous paraît *fort intéressant* à relever. « Quand Mme Comte, écrit-il, m'informa qu'elle avait le dessein d'intenter le procès, j'essayai de l'en dissuader, et cela par des raisons tirée de sa santé et de sa tranquillité. Ces motifs ne la touchèrent pas; elle persista. Dès lors, je lui offris mon aide, très bornée en pareille affaire, et qui consista surtout à certifier certains faits ignorés ou peu connus. »

Si M. Littré se fait si petit, c'est pour

mieux se redresser. Mme Comte *informa* M. Littré qu'elle « avait le dessein d'intenter le procès »; mais il n'y voyait aucun obstacle, sauf « la santé et la tranquillité » de cette pauvre femme. Auguste Comte était mort, il ne viendrait pas lui reprocher son crime. Dans ces circonstances, M. Littré offrit son aide à Mme Comte, « *très bornée* », excessivement bornée, tout au plus réduite à certifier « des faits », mais ces « *certains* faits ignorés ou peu connus. »

Écoutons maintenant le docteur Robinet : « Avertie dans la matinée du 6 septembre de la mort de son mari, par MM. Joseph Longchampt, exécuteur testamentaire, et Bazalgette, membre de la Société positiviste, Mme Comte resta quelques jours sans se découvrir. M. Littré se trouvant alors absent de Paris, elle annonça qu'elle attendrait son retour *pour prendre une décision.* » (Nous soulignons.)

« Le 12 septembre, quelques jours après les funérailles, cette dame, assistée de M. Littré, se présenta donc au domicile du fondateur de la religion universelle. Elle entra d'autorité dans ce lieu consacré par tant de grands souvenirs, et dont tout semblait l'éloigner. Foulant aux pieds une défense formelle, elle franchit un seuil qu'elle n'avait pas passé depuis quinze ans, et qui lui était à jamais interdit. Enfin, pour mieux caractériser sa démarche, elle eut le triste courage d'insulter aux êtres les plus chers à Auguste Comte, sans se voir empêchée par celui qui l'accompagnait. Cette épreuve ne fut point la seule et ne se renouvela que trop souvent, surtout quand Mme Comte fit interdire aux positivistes l'entrée de SON LOGEMENT, et qu'elle empêcha la commémoration qui devait y être célébrée par eux pour honorer la mémoire et constater la perte de leur maître. Elle occupa donc judiciairement l'appartement sacerdotal, pendant que les disciples, repoussés, allaient chez un de leurs frères (M. J. Florez), accomplir ce pieux devoir.

« Aussitôt après le retour de M. Littré, Mme Comte avait fait savoir qu'elle n'acceptait point le testament et qu'elle userait de son droit...¹ »

Ainsi Mme Comte attendit pendant six jours le retour de M. Littré pour prendre une *décision* de concert avec le disciple. Alors, souillure du lieu sacré, vente à l'encan, procès, annulation du testament, destruction des papiers dangereux pour Mme Comte et pour l'avenir de M. Littré, etc. C'est à cela que se limitait l'aide « *très bornée* » de M. Littré, au nom de la folie d'Auguste Comte et pour la plus grande gloire du maître.

Douze jours après la mort de Comte et aussitôt le retour à Paris de M. Littré, Mme Comte annonçait qu'elle userait de ses droits. Une première démarche, tentée deux mois après, convainquit les deux agresseurs qu'il n'était pas encore prudent d'engager la lutte devant les tribunaux. Avant tout, il fallait démontrer par tous les moyens, bons ou mauvais, la folie d'Auguste Comte, puis

¹ Robinet, *Notice sur l'œuvre et sur la vie d'Auguste Comte*. Paris, 1864, p. 351-352.

prendre d'assaut la succession et la direction du Positivisme[1]. Finalement, avec ces précieuses armes, il eût été facile d'en imposer aux juges. Ce plan, admirablement combiné, fut soigneusement exécuté. Le titre d'académicien, de futur auteur du Dictionnaire de la langue française, de préfacier et de publiciste éminent, de nouveau Pic de la Mirandole, traitant : *De omni re scibili et de quibusdam aliis*, tout cela était irrésistible !

La première explosion ne se fit pas attendre. A peine Auguste Comte était-il descendu dans la tombe, que — trois mois après — le 1er décembre 1857, M. Littré lançait une Circulaire en France et à l'étranger, demandant une pension pour Mme Comte. Il se taisait sur la Circulaire des treize exécuteurs testamentaires, qui avait de trois mois précédé la sienne — le 9 septembre — dans laquelle les vrais disciples de Comte faisaient un appel de fonds pour la pension de Mme Comte, afin de pouvoir exécuter les

---

[1] Mme Comte affirmait qu'elle avait pris, de concert avec M. Littré, la direction du *vrai* positivisme.

dernières volontés du maître. M. Littré se taisait également sur le testament d'Auguste Comte, dans lequel il prescrivait de fournir une pension à sa veuve. Mais, par contre, la rédaction (?) de la *Revue philosophique et religieuse* fit précéder la Circulaire de M. Littré d'une dénonciation en bonne et due forme de pratiques *cultuelles!* chez les positivistes de la rue Monsieur-le-Prince...

Le deuxième assaut fut livré en mars 1859, sous le nom de *Paroles de Philosophie positive*. La loi des trois états est ébranlée par une loi des quatre âges, introduite subrepticement.

Le troisième date de 1863, sous le nom de *Auguste Comte et la Philosophie positive;* un gros in-8° d'un calibre de 682 pages. Toute la seconde vie philosophique du maître y est mise en pièces et en morceaux, et la première rudement compromise.

Le quatrième est de mars 1864, c'est la *Préface d'un disciple.*

Le cinquième d'août 1866, *Auguste Comte et Stuart Mill.*

Le sixième commencé en juillet 1867,

dure encore. Il a nom *Philosophie positive*, *Revue* en collaboration avec un russe. Dans ce duel à mort avec Comte, aujourd'hui il reste bien peu de chose de sa doctrine.

Quant aux autres assauts sans cesse renouvelés dans tout ce que le disciple écrit, ils ne comptent que comme escarmouches. Laissons-les passer.

Quand les bombardeurs virent d'un cœur léger qu'ils avaient bien mitraillé l'école religieuse d'Auguste Comte, il était temps d'agir, le moment psychologique était arrivé, on pouvait instrumenter devant les tribunaux. Ce fut alors que cette triste affaire, de la succession de Comte, vint en appel pour la première fois, le 31 décembre 1869, c'est-à-dire *douze ans* après l'introduction de l'instance judiciaire par Mme Comte. Douze ans! c'est une longue durée. Cependant on n'avait pas perdu une seconde. Il fallait élever un « *piédestal* » aux juges. Docile à l'appel de Mme Comte, on va voir comment l'aide que M. Littré lui apporta devait être « très bornée. » C'est le disciple qui l'avoue naïvement croyant glorifier cette dame en se glorifiant soi-même.

M. Littré témoigne devant le tribunal en autorisant M° Griolet à lire une note qui n'était, dit-il, destinée d'abord qu'à l'avocat de Mme Comte. Voici le « bon passage » qu'on y trouve : « D'abord elle (Mme Comte) me demanda d'écrire une vie d'*Auguste Comte* (J'étais fort occupé ailleurs); elle me fournit tous les renseignements qui étaient à sa disposition, m'aida de ses souvenirs, m'échauffa de son ardeur, et l'on peut voir dans la préface comment je reconnais les services qui me furent rendus en cette occasion. Cette *vie* est un piédestal, et, sans épargner les intrigues à des aberrations dont la marque extrême est dans le testament, j'y glorifie M. Comte et son œuvre la philosophie positive. »

Après un mot sur la réimpression de la Philosophie positive de Comte, M. Littré poursuit « et elle (Mme Comte) me demanda une Préface que je donnai. » L'attaque de Stuart Mill « anima de nouveau le zèle de

Mᵐᵉ Comte; elle me le fit partager. Une réponse parut dans la *Revue des deux Mondes*; elle est dédiée à Mᵐᵉ Comte. »

« Enfin, on sentait de plus d'un côté qu'il serait utile à la doctrine d'avoir un organe qui la soutînt. Ici encore, ce genre d'intervention qui encourage les hommes et facilite leurs rapports, ne fut pas inutile; et j'autorise pleinement Mᵐᵉ Comte à dire que, sans elle, la Revue qui paraît depuis un an sous le titre de *La Philosophie positive*, serait encore en projet. »

« C'est donc par des actes suivis, persévérants, que Mᵐᵉ Comte a prouvé qu'elle gardait fidèlement la mémoire de son mari. Ces actes ont demandé du temps. Mᵐᵉ Comte a bien voulu croire qu'elle ne pouvait rien sans moi, et j'étais fort occupé [1]. »

Ici apparaissent de nouveau la modestie et la pensée toujours enveloppée du disciple : Cette dame « a bien voulu croire qu'elle ne pouvait rien sans moi », est un digne pen-

---

[1] Littré, *La Revue de la Philosophie positive*, 1870, t. VI, p. 334.

dant de l'autre passage : « Dès lors, je lui offris mon aide, très bornée en pareille affaire. » M. Littré, fort occupé, répète par deux fois intentionnellement : « J'étais fort occupé ailleurs », puis « et j'étais fort occupé. » Dans son article nécrologique sur Mme Comte, on lit encore à propos de sa vie d'Auguste Comte écrite en collaboration avec Mme Comte : « Mais j'étais en plein dans l'exécution de mon dictionnaire de la langue française... » et plus loin : « Tout occupé que j'étais dans mon étude lexicographique, l'obstination de Mme Comte à me pousser en des travaux qui y étaient étrangers, me fut très salutaire. »

M. Littré fit même un tour de force inouï, pour répondre à l'aide « très bornée » apportée à Mme Comte « ... Voici comment je fus obligé d'organiser mes heures de travail : jusqu'à minuit, je m'occupais de mon Dictionnaire, et, de minuit à trois heures du matin, de la vie d'Auguste Comte. A minuit précis, je fermais les papiers qui contenaient mes matériaux lexicographiques, et je prenais l'autre labeur. Au bout d'un an, le volume était prêt, il ne restait plus qu'à l'imprimer¹. »

M. Littré, en effet, est électrisé par le dévouement de Mme Comte : « Elle l'échauffa de son ardeur »; elle « anima son zèle. » C'est pour lui complaire qu'il écrit en collaboration avec elle la vie de son mari; toutefois, en la publiant, il se garde de mentionner cette complaisance, dans la crainte que l'on ne « l'accusât de cacher sous le masque de la philosophie une guerre secrète et des sentiments malveillants². » Sans Mme Comte la *Revue de philosophie positive* n'existerait point; elle fut l'inspiratrice de la réimpression de la *Philosophie positive*; elle inspira la *Préface d'un disciple*, et la réfutation de Stuart Mill. Dans son article nécrologique sur Mme Comte, M. Littré renchérissant encore dit : ce fut elle « qui conçut

---

[1] Littré, *Revue de Philosophie positive*, 1877, t. XVIII, p. 291, 292, 296.
[2] Ce cri d'une conscience mal assurée est dans la Préface du livre de M. Littré : *Auguste Comte et la Philosophie positive*, p. v.

le projet d'unir MM. Littré et Wyrouboff dans une œuvre périodique commune », elle qui lui inspira la nouvelle Préface de la quatrième édition de l'œuvre du mari; celle des *Mémoires d'un imbécile* d'Eugène Noël; elle qui lui inspira le projet de création d'un journal à bon marché, destiné au peuple, d'après leurs idées positivistes, et que M. Littré eût peut-être entrepris « s'il avait eu dix ans de moins »; et quand après trente années de douces inspirations, quand cette « liaison particulièrement étroite... et plus elle durait, plus les liens et le commerce se resserraient »; quand enfin elle s'éteint par la mort de Mme Comte, M. Littré s'écrie : « J'ai perdu une conseillère fidèle [1]. » Le Numa du néo-positivisme a perdu son Égérie !

Vraiment, M. Littré est le disciple fidèle et soumis de Mme Comte, et non pas le disciple infidèle d'Auguste Comte. Voit-on comment « cette *Vie* (de Comte) est un *piédestal!* »

[1] Littré, *Revue de Philosophie positive*, 1877, t. XVIII, p. 290-296.

Voit-on comment Mme Comte « a prouvé, par des actes suivis, persévérants, qu'elle gardait fidèlement la mémoire de son mari »! Mais « ces actes ont demandé du temps. » *Treize années* pour élever le *piédestal* sur lequel on comptait asseoir les juges! Ce retard, ce piédestal, M° Griolet les justifie — en parlant « d'un retard que M. Littré explique : — « il fallait avant tout que Mme Comte se justifiât par des actes, et que la doctrine de son mari fût affermie. » *Affermie*, d'une étrange façon!

Oui, ce piédestal est en entier dans la plaidoirie de l'avocat de Mme Comte. Toutes les accusations du volume de M. Littré, toutes les inventions, toutes les erreurs du disciple ont passé par les lèvres du défenseur! Qu'on en juge. Voici comment M° Griolet présente le culte de la Religion positive. La Divinité humaine est à l'image de Clotilde de Vaux. Dans le culte ou l'adoration privée, nos trois déesses ou nos trois anges gardiens sont la mère, la femme et la fille. « Si l'une d'elles manque ou se trouve indigne, on peut la remplacer par une sorte d'adaptation. C'est ainsi que procéda M. Comte lui-même. A sa mère il adjoignit au lieu de sa femme *indigne*, Clotilde de Vaux, et, pour sa fille absente, il prit sa domestique [1], qu'il nomma sa fille adoptive. » Et voilà le culte de la religion de l'Humanité inventé par Auguste Comte, autrement dit Mme Comte-Littré-Griolet.

Naturellement on ne devait pas oublier le fameux mystère de la *Vierge-Mère*, le *delirium tremens* d'Auguste Comte.

Me Griolet poursuit : « Il n'en faut donc pas douter, Auguste Comte était malade. Il a inventé le fatal secret [2] comme il avait imaginé l'utopie de la Vierge-Mère, et il a cru à la réalité de l'un comme il a cru à la réalisation certaine de l'autre. Sa haine pour sa femme grandissant avec son amour pour Clotilde de Vaux, il s'est figuré sa

---

[1] L'avoué la nomme démocratiquement *sa cuisinière*.

[2] M. Littré qualifie le secret du pli cacheté de « misérable menace lancée de derrière le sûr abri de la tombe. » Conclusion : Pour sa femme, Comte est un *libertin*, pour M. Littré, c'est un *misérable*.

femme capable de tout. De là à croire qu'elle avait commis tout ce qu'il imaginait, il n'y avait qu'un pas. Cet intervalle, il est vrai, était infranchissable par un homme sain, mais combien de fois Auguste Comte l'a franchi! Dans un même volume, il hasarde d'abord timidement et comme un paradoxe cette hypothèse insensée de la Vierge-Mère. Quelques pages plus loin, c'est la réalité[1] la plus certaine, c'est une vérité qui est le résumé de sa religion. »

Voilà comment on cherche à surprendre la bonne foi des juges à la barre d'un tribunal! Nous mettons qui que ce soit au défi de prouver que Comte prend l'utopie de la Vierge-Mère pour « *une réalité la plus certaine.* » Il a fait exactement l'inverse[2]. Si M° Griolet prétend opposer la réalité inventée du fatal secret à la réalisation imaginée de l'utopie de la Vierge-Mère, il fait fausse route et son argumentation est *contra producente.*

[1] M° Griolet répète l'expression *réalité* du livre de M. Littré.
[2] Voir notre réfutation, p. 97-102.

Quant au fatal secret du pli cacheté, il importe fort peu aux fidèles disciples d'Auguste Comte. C'est une affaire d'alcôve.

Dans la rage de métamorphoser Comte en fou, on perd la tête et on va chercher sa folie jusque dans ses vertus, jusque dans sa grande sobriété. L'avocat continue d'en fournir la preuve :

« M. Comte avait conformé sa vie à ses idées. Il se livrait à toutes les pratiques qu'il avait imaginées. Il passait des heures entières dans l'adoration de ses anges gardiens. Il se privait de vin, de café, de tous les excitants, il pesait sa nourriture[1]. Plus que jamais il s'abstenait de toute lecture, à l'exception de quelques livres mystiques qu'il entendait dans le sens de ses conceptions... Il était persuadé qu'il ne vivrait pas moins d'années que Fontenelle, ou tout au moins que Voltaire. Cette longévité lui semblait due aux travaux qu'il avait encore à accomplir. Toutes ses pensées, toutes ses es-

[1] Tout cela est retiré du livre de M. Littré : *Auguste Comte et la Philosophie positive*, p. 640.

pérances, toute sa vie dépendaient ainsi des conceptions que son esprit vieillissant avait enfantées. »

Les pratiques mystiques ont été soufflées à l'oreille par M. Littré et Mᵐᵉ Comte. Elles y sont, dans le volume du fidèle disciple. Son désir de vivre par amour pour l'Humanité, à laquelle il avait consacré sa vie, quelle impertinence ! Les vingt-deux « années de grâce[1] » que poursuit le disciple, à la bonne heure ; l'art de bien dire et de bien écrire en a fait son profit, et cela doit suffire à l'Humanité. Se priver de vin, de café, de tout excitant, quelle horreur ! Mais peser

---

[1] « Les années de grâce » sont une invention de M. Littré, charmante et pleine de modestie. Il n'avait pas encore atteint sa soixante-dixième que déjà, dans ses Préfaces, discours et lettres, il ne nous faisait plus grâce de chaque année de grâce dont la très sage Providence daignait lui faire grâce. L'humble disciple est simplement amoureux de sa vieillesse. Que laisse-t-il donc aux savants octogénaires, à ceux-là qui tiennent la plume avec vigueur jusqu'au moment du trépas ! Que dira Chevreul, aujourd'hui dans sa quatre-vingt-treizième année ! Mais l'avocat de Mᵐᵉ Comte et Littré mettra au compte de la folie du maître son espoir d'atteindre la longévité de Fontenelle ou de Voltaire, pour accomplir la tâche qu'il s'était imposée pendant cette vie de labeur et de créations incessantes.

sa nourriture, voilà le comble de sa folie[1] !
Si Auguste Comte se fût grisé de temps en
temps, c'est pour le coup que Mme Comte
et M. Littré eussent gagné leur cause. « Cela
est dommage ! » Nous dispensons nos lecteurs des nouvelles inventions de l'avocat
et consorts sur les trois phases transitoires
d'Auguste Comte; politique que M. Littré ne
comprend pas encore, et qui fut cause de
sa séparation d'avec le maître.

Nous avons surabondamment démontré
l'aide non pas « très bornée » de M. Littré.
Mais il convient de signaler quelques autres
traits significatifs empruntés à la plaidoirie
de Me Griolet. En réclamant « le droit exclusif de publier ou de ne pas publier la correspondance de M. Comte... suivant l'esprit
qui l'anime (Mme Comte)... elle ne publiera
rien qui ne puisse ajouter quelque chose aux
dernières conceptions de M. Comte, rien
qui les rappelle... Et je suis autorisé à dé-

---

[1] Et dire que la balance était encore à la salle à manger de l'appartement du grand Pontife, rue Monsieur-le-Prince ! On ne l'a pas oubliée, cette relique.

clarer que cette publication sera faite avec le concours de M. Littré. »

Le *concours* de M. Littré, c'est merveilleux ! Que devient donc « l'aide très bornée » de M. Littré? On peut s'imaginer quelle jouissance de triage auraient éprouvé le fidèle disciple et la digne épouse. Les lettres de Clotilde de Vaux et de Comte, au feu avec des pincettes! Quel *libertinage*! La méthode subjective, au feu! L'utopie de la Vierge-Mère, le Grand-Etre, le Grand-Fétiche, le Grand-Milieu, au feu! Quelle *folie*! La Morale positive, au feu! La doctrine cérébrale de l'âme, au feu! La Politique positive, au feu! La Religion de l'Humanité? ciel un *athée*[1]! Au feu, au feu, grand Dieu! Au feu! les lettres compromettantes du disciple au maître! Par contre, publicité entière pour celles qui pourraient compromettre la mémoire d'Auguste Comte. Même sort réservé

---

[1] M. Littré ne veut pas de trinité positive chez Comte, mais il l'accepte de grand cœur chez Mme Comte, « coûte que coûte. » *Libertin, fou et athée*, voilà la sublime trinité de la malheureuse épouse, contre laquelle le disciple incomparable n'a jamais *protesté*.

aux correspondances de Valat, Stuart Mill et autres.

M° Allou, dans sa fine et brillante plaidoirie, a fait ressortir, avec indignation, l'iniquité de la prétention de Mme Comte et de M. Littré, d'anéantir suivant leurs convenances ou plutôt leurs rancunes, les écrits d'Auguste Comte.

En parlant du procès des héritiers de Marie Joseph de Chénier, M° Allou cite avec beaucoup d'à-propos le trait suivant de la plaidoirie de M° Charrier : « Vous voulez, s'écrie Charrier, livrer des œuvres littéraires au caprice d'un héritier quel qu'il soit ? Mais si ces œuvres sont religieuses et que l'héritier soit philosophe et sceptique, il les détruira ! Le jésuite brûlera les œuvres de Voltaire, et l'ultramontain déchirera le testament de Bossuet ! Ainsi, l'écrivain aura laissé sa vie, son âme, la plus pure partie de lui-même, à un légataire digne de sa confiance, et la loi remettra ce dépôt sacré dans des mains infidèles ? Dans un magnifique langage, un peu emphatique comme le langage du temps, Charrier développait cette thèse qu'en fait d'œuvres littéraires, le meilleur juge, le seul juge de leurs destinées, c'était toujours l'écrivain lui-même. »

Oui, c'est « cette vie, cette âme, la plus pure partie de lui-même, » qu'Auguste Comte avait laissé « à un légataire digne de sa confiance » — les treize exécuteurs testamentaires; c'est « ce dépôt sacré », que Mme Comte et M. Littré demandaient à la loi qu'on livrât aux vengeances de leurs rancunes [1] !

---

[1] Voir dans Robinet, *Notice sur l'œuvre et sur la vie d'Auguste Comte*, les agissements de M. Littré après la mort du maître. Paris, 1864, 2e édition, p. 351-359. Pour la Circulaire de M. Littré, p. 553-556.

CHAPITRE II

UNE JUSTIFICATION.

« Vivre au grand jour [1]. »
A. COMTE.

1. — M. EMILE LITTRÉ.

Certes, M. Littré ne marchande point ses épithètes à Auguste Comte, et faisant patte de velours, il lance de rudes coups de griffes au maître. Nous acceptons les épithètes, nous octroyant la liberté de ne pas nous en priver à l'égard de M. Littré lui-même, et de le combattre à armes courtoises, autant qu'il nous en donne l'exemple. Après

---

[1] Comparez notre maxime anti-jésuitique à celle des anciens : « *Cache ta vie* » (Bossuet, « La vie cachée en Dieu ») ; et cette autre : « *Frères, il faut nous taire,* » disaient les initiés de La Trappe.

cela, que l'on ne vienne pas nous dire que nous manquons de respect à la personne de M. Littré, que nous manquons aux convenances sociales et scientifiques, car nous ne dépasserons pas les limites assignées par cet étrange disciple. Hâtons-nous de dire que nous eussions toujours préféré la discussion calme et sérieuse à l'ironie. Mille fois, nous nous sommes vu découragé, dégoûté de cette ingrate besogne ! Mille fois aussi, nous avons adouci la forme, arrondi les angles saillants et contenu la révolte d'une juste indignation. Que faire ? Depuis vingt-deux ans, de sa « forteresse » le disciple foudroie le maître, et c'est à peine si les escarmouches des élèves fidèles [1] viennent expirer aux pieds du colosse. Si nous attaquons M. Littré avec une conscience indignée, la faute en est à lui seul; à lui, M. Littré, qui a consacré 682 pages in-8, à fulminer contre le maître, qu'il affecte de vénérer, dans un réquisitoire bourré d'allégations offensantes, niaisement

[1] Il n'a pas été fait de réfutation à fond sur l'ensemble des accusations de M. Littré.

malveillantes et diffamatoires [1]; à lui, le dévoué disciple, qui, à la prière de Mme Comte, s'est fait « l'inspirateur véritable » comme l'a si bien dit M° Allou, de cette femme, qui, à la barre du tribunal, traite son mari de *fou*, *d'athée*, de *libertin;* à lui, qui dresse ses batteries dans l'ombre, qui, sournoisement, poussée par poussée, répand dans le public la croyance à la folie de Comte, et quelle folie, grand Dieu ! à lui enfin qui en arrive à jeter le ridicule sur les plus profondes conceptions du maître !

L'énervement, l'indignation vous saisissent à la vue de ce déluge de tendres caresses du milieu des foudres vigoureusement lancées, de cette montagne de contradictions, de cet imbroglio du disciple pontifiant, de cette humilité superbe. Lorsque M. Littré élève le maître bien haut, attendez-vous à la ligne suivante à le retrouver bien bas. C'est une logique sophistique qui donne la mesure de l'assaut. Elle ne rate point. Il s'attache à

---

[1] Voir nos preuves à l'appui, p. 97-114.

prouver que Comte raisonne pour prouver qu'il déraisonne; qu'il a tout fait parce qu'il n'a rien fait. Ce sera pour lui le comble de l'impartialité de la critique. On dirait du caramel, c'est du fiel qu'il distille. C'est aussi une épée de Damoclès à tout instant suspendue sur la tête du maître. « *Monsieur* Comte a tout établi, mais... il s'est en tout trompé; donc, démolissons sans pitié, seulement... humblement et avec l'admiration et la reconnaissance du disciple qui lui doit ce qu'il est. » Voilà la forme de l'humilité associée à la reconnaissance [1]. Après cela, on acclame le maître comme un sauveur du disciple et de l'Humanité. Telle est la philosophie positive que M. Littré prend en héritage, bien entendu après l'avoir « brouillée » de fond en comble. C'est un château de cartes où des mots se débattent, mais s'il vient à passer le souffle de la logique, c'est autant de cartes

---

[1] Quand le docteur Sémérie compara cette tactique à celle de Bassecourt dans les *Faux bons hommes*, de Barrière, elle nous parut bien dure. Aujourd'hui nous disons bien méritée. — Sémérie, *Revue de la Politique positive*, 16 juillet 1872, p. 106.

que le vent emporte. C'est la mise en scène des pantins académiques. Pour lire l'OEuvre d'Auguste Comte interprétée par M. Littré, il faut lire entre les lignes. C'est là qu'apparaît le mauvais esprit du disciple. Quant à l'ignorance, elle est trop transparente pour ceux qui connaissent notre doctrine. Quand on pense que M. Littré est arrivé ainsi « en toute chose, » sur le terrain de la philosophie positive à se faire passer pour le maître du maître, c'est affreux! C'est une mystification de vingt-deux ans qui prendra fin aussitôt que la nouvelle génération se sera rendu compte de la vraie doctrine d'Auguste Comte, faussée jusqu'en ses fondements par l'ignorance du soi-disant disciple, devons-nous ajouter et de sa mauvaise foi ?

Depuis la mort de Comte, M. Littré s'agite dans un coin de la philosophie positive, et là il s'amuse à remuer des petites questions de classification des sciences, de méthode objective, d'expérimentation, de sociologie, de prévision de la dernière heure et du lendemain et autres ingénuités de cette force, qu'il ne comprend même pas, et qui n'ont ni queue ni tête. C'est ainsi qu'il piétine sur place dans le champ de la philosophie positive. Sa Revue n'est pas conçue dans un autre esprit. Elle prêche des savants déjà convertis, sous l'influence inconsciente de la doctrine, qui est dans l'air que l'on respire et non pas dans cette Revue. Le résultat pratique est que quand les adversaires théologiens et métaphysiciens réfutent M. Littré, ils croient réfuter M. Auguste Comte[1]. Personne ne s'aperçoit que le positivisme de la Revue du disciple n'est même pas le positivisme de la première œuvre du maître que les rédacteurs croient suivre. Nous en donnons dès à présent la preuve dans notre chapitre sur la méthode. Nous en donnerons bien d'autres. Enfin, par la publica-

---

[1] Ce qu'il y a de bon chez M. Littré est porté à son compte, et ce qu'il y a de mauvais au compte d'Auguste Comte. C'est dans cet esprit, et jugeant le maître d'après le disciple, que l'on écrira des in-8° contre le Positivisme dans le genre de ceux de M. Louis Liard (*La Science positive et la Métaphysique*. Paris, 1879), du P. de Bonniot (*Les Malheurs de la Philosophie*, etc. Paris, 1879), et de l'abbé A. Guthlin) *Les Doctrines positives en France*. Paris, 1873).

tion de sa dernière réimpression annotée[1], M. Littré a épuisé tout, absolument tout le fond de son sac, et il y a mis le sceau de son insuffisance en matière de Philosophie, à la fin de sa carrière de quarante années de divagations *positives*.

Nous savons bien que M. Littré a ses petites *finesses*; parbleu, il en a mille à sa lyre philosophique. Écoutez :

« Jamais livre n'eut plus besoin que celui-ci de conclusion. Il est formé de deux parties d'un caractère opposé; dans l'une, M. Comte est loué comme un génie qui a sa place à côté des plus grands; dans l'autre, il est critiqué comme ayant succombé à des fautes de méthode. Si la louange abonde de la plénitude du cœur, la critique n'en obéit pas moins à la rigueur du raisonnement. Ces deux offices, l'un de pleine admiration et l'autre de pleine critique, sont remplis indépendamment l'un de l'autre; je loue M. Comte comme si je n'avais rien à reprendre; je le

[1] Littré, *Conservation, Révolution et Positivisme*. Paris, 1879, deuxième édition. Augmentée de remarques courantes.

reprends comme si je n'avais rien à louer. Et pourtant ce sont deux parties qui ne se combattent ni ne se contredisent; bien plus, elles s'appuient réciproquement; car autrement, dans le conflit de la méthode objective suivie par M. Comte commençant, et de la méthode subjective suivie par M. Comte finissant, la Philosophie positive m'eût paru un chaos [1]. »

Voici donc la formule de M. Littré : « Je loue M. Comte comme si je n'avais rien à reprendre; je le reprends comme si je n'avais rien à louer. » Formule très savante et surtout très commode. De ces arguties, M. Littré en a usé et abusé à son aise. Quand on a appris à le lire et à le connaître, on ne se laisse plus prendre à ses belles protestations. On s'en rapporte aux faits, à sa conduite, à ses contradictions éternelles; le reste est de la rhétorique d'occasion passablement surfaite. Sur ce terrain, il faut l'avouer, M. Littré est très habile, excessivement habile; mais

---

[1] Littré : *Auguste Comte et la Philosophie positive*. Paris. 1863, p. 662.

il y a encore quelque chose de plus habile, c'est le *bon sens universel* si haut placé par Auguste Comte et si bas placé chez M. Littré.

Et quand on aura prouvé que Comte n'a jamais succombé à des fautes de méthode; qu'il n'y a point de conflit entre la méthode objective et la méthode subjective, et que c'est M. Littré qui a plongé la Philosophie positive dans le chaos, que deviendront « ses louanges de plénitude de cœur, et ses critiques de rigueur de raisonnement? » Néant !

Quoi qu'il en soit, à l'instar de M. Littré, remplaçons le nom de M. Comte par celui de M. Littré, et permettons-nous de reprendre M. Littré tout en le louant, lorsque l'occasion s'en présentera. Nous dirons à la fin de notre critique, quels sont les services que M. Littré a rendus à la Philosophie positive, avec la même loyauté, avec la même chaleur que nous mettons à le critiquer.

De tous les éloges que nous ayons reçus, aucun ne nous a été aussi sensible que celui d'une Revue réputée à bon droit par la sagesse éclairée de sa rédaction. En parlant de notre précédent travail sur le Positivisme [1], on y dit que cet ouvrage, « du reste, est fait de verve et de bonne foi [2] » Cette *bonne foi* qu'on nous reconnaît nous touche profondément, car hier, comme aujourd'hui, nous sommes avant tout de bonne foi, M. Littré peut en être assuré.

II. — NOUS, LES VRAIS POSITIVISTES.

Par contre, d'autres critiques nous ont reproché de manquer de tolérance, peut-être ont-ils voulu dire de modestie ? Nous avouons avoir péché par excès de franchise, et nous n'en sommes nullement repentant. On commence à se lasser de l'hypocrisie, du jésuitisme ignoble, masque de comédie, dont les premières dupes sont toujours les trompeurs. Avant tout, qu'un chat soit un chat, que l'auteur d'un écrit soit lui, non un autre. Ni dupeurs ni dupés, surtout dans les actes de l'intelligence. Que l'impulsion soit hu-

---

[1] A. Poëy, *Le Positivisme*. Paris, 1876. Germer Baillière.
[2] *Revue scientifique*, 11 mars 1876, p. 263.

maine et vraie; que les choses s'appellent de leur vrai nom, afin qu'on sache à quoi s'en tenir. Là est le charme, là, l'attrait de notre école, à la fois positiviste et réaliste. Quand on prêche bien haut ce que l'on sent, ce qu'on est convaincu être le vrai, une chose suffit : la sincérité.

Loin de nous cet art de torturer les mots d'un discours pompeux dans le creux profond. Laissons le syllogisme aux métaphysiciens et la rhétorique aux romantiques.

En un mot, nous mettons carrément d'accord notre pensée avec nos écrits. Que chacun en fasse autant.

Mais à nous, les positivistes, à nous qui suivons Auguste Comte jusque dans ses dernières conceptions, la tâche est rendue particulièrement difficile. Les uns traitent nos croyances de folies, d'autres, les plus tolérants, d'excentricités, de songes creux, d'hallucinations, à tous, nous n'inspirons que dédain ou pitié. Académiciens, professeurs de Facultés, démocrates, socialistes, collectivistes, journalistes et libres-penseurs font chorus contre nous, ou affectent un silence sublime, ne se faisant pas faute d'être nos plagiaires, de nous piller de bon cœur quand ils veulent trouver des idées justes. Bah! laissons faire, laissons passer, laissons-les jouir en paix de leurs illusions.

Français, quand l'étranger acclame ses gloires nationales, vous lui opposez les vôtres avec fierté, et c'est raison. Mais pourquoi aller chercher en Angleterre des Herbert Spencer, en Prusse des Hartmann, lorsque vous avez en France un Auguste Comte! Pourquoi étouffer ainsi ce grand homme? Croyez-en un étranger, à qui la France est aussi sympathique que chère, et qui s'inspire de son génie : c'est là une grave, une profonde erreur.

Qu'on se détrompe, les positivistes ne sont point des niais; ils ont parfaitement conscience de leurs actes et de leurs dires. La science pas plus que la logique ne font défaut à notre École. Nous avons dans chaque science abstraite des représentants éminents, et, à la base des sciences inorganiques et organiques, nous avons un mathématicien[1] et un biologiste[2] que l'École Littré[3] est loin d'avoir. Nous avons nommé M. Pierre Laffitte et le docteur Audiffrent. En leur qualité de médecins, le docteur Robinet[4] et le docteur Bridges sont les flambeaux de l'École positiviste. Laffitte, à lui seul, embrasse avec

---

[1] M. Laffitte vient de faire, à partir du 20 janvier 1879, son *Cours de géométrie différentielle*, dont le programme en 16 leçons est publié dans la *Revue occidentale*, qu'il dirige, du 1er janvier 1879, p. 173-188.

[2] Parmi les dernières publications du docteur Audiffrent, citons: *Du cerveau et de l'innervation*, *d'après Auguste Comte*. Paris, 1869, 1 vol. in-8º de xiii-528 pages; *Des Maladies du cerveau et de l'innervation*, *d'après Auguste Comte*. Paris, 1873, 1 vol. in-8º de xxii-939 pages.

[3] L'Ecole funeste de M. Littré s'est fait sentir jusque dans l'esprit du professeur Charles Robin, un des fervents disciples de la première heure. Croira-t-on que le professeur a oublié et la biologie positive et l'éducation positive, sur lesquelles il écrit encore? Dans son *Dictionnaire de médecine* en collaboration avec M. Littré, tout ce qui est bon est d'Auguste Comte, et tout ce qui est mauvais est d'eux, doctrines et définitions. Il objectera, par exemple, s'il s'agit des nerfs *nutritifs* de Comte, que ceux qui les ont pris chez le maître les ont baptisés du nom de *trophiques* pour mieux les escamoter. Ce que nous disons là est tellement vrai que la plupart des élèves du cours d'histologie de M. Robin, invoquent l'Allemagne et délaissent leur professeur.

[4] Le docteur Robinet est aussi l'historiographe de Danton. Le seul qui a rendu justice à l'éminent homme d'Etat.

éclat l'ensemble de la doctrine qu'il professe depuis vingt ans dans ses cours annuels et gratuits[1], et dans des conférences récentes données dans les Bibliothèques populaires des divers arrondissements de Paris et de la banlieue. Sous sa direction, des élèves d'élite ont complété cette vulgarisation de l'ensemble de notre doctrine[2]. Nous avons encore des politiques et des économistes comme Richard

---

[1] Le dernier cours de M. Laffitte de 1878-79, comprenait la « Morale théorique, » dont on trouve le programme en 20 leçons dans la *Revue occidentale*, du 1er novembre 1878, p. 698-718. Le prochain cours de 1879-80 traitera de la Morale pratique. Nous conseillons fort à ceux qui écrivent sur ce sujet de se rendre compte de la nature des fonctions cérébrales et sociales qui constituent la science de la Morale.

[2] Cet enseignement positiviste manque complètement à M. Littré et consorts. Le disciple s'en tient à des projets insensés « d'École de la Philosophie positive, » qui brillent par la réclame qu'ils donnent à sa Revue. Une seule et unique « leçon d'un cours d'histoire, » qu'il commença à Bordeaux le 1er février 1871, et qu'il ne devait point terminer, suivant ses habitudes, est tout ce que nous avons de l'enseignement littréiste. Par bonheur cette leçon « rédigée à la hâte, » et le programme « esquissé à la hâte, » de l'aveu du disciple, ne seront pas perdus. Deux ans après, — toujours « à la hâte » — M. Littré nous en donnait une deuxième réimpression dans son livre : *La science au point de vue philosophique*. Paris, 1873, p. 410.

Congreve, Frédéric Harrison et Édouard Spencer Beesly ; des industriels comme Fabien Magnin ; des poètes comme J.-B. Foucart[1], etc., etc. Ajoutons qu'une nouvelle génération se lève de théoriciens et de praticiens prolétaires ; enfin nous avons au-dessus de tout la loyauté et la foi.

C'est qu'il faut avoir une ferme conviction et bien du courage pour persévérer dans une voie où les princes de la science nous toisent en haussant les épaules. Ce courage nous l'avons. Nous avons aussi le courage de dire à tous, grands et petits, n'écoutez point Littré. Étudiez Comte dans Comte lui-même, ou dans la propagande de ses élèves fidèles. Ce conseil mis en pratique puis donné et suivi, a fait de nouveaux convertis. Aux cours de M. Laffitte, ils ont, comme nous, renié l'école illogique et pédantocratique du soi-disant disciple[2].

[1] Hâtons-nous de dire pour les malins de la force de la *Revue Littré-Wyrouboff*, que nous n'avons point de rapport avec les exécuteurs testamentaires. L'hommage que nous rendons à l'école religieuse est pour nous un devoir de justice.

[2] Au moment de mettre sous presse, nous trouvons la

Nous avons dit en 1876 que nous avions été de l'École de M. Littré comme le sont les savants qui ont embrassé la doctrine en dehors de l'École religieuse de Comte. Ceci demande une explication, car il existe une équivoque qui a grandement servi à l'École de M. Littré, mais qui va s'éclaircissant chaque jour. L'esprit scientifique est, aujourd'hui, entièrement plongé dans le matérialisme et l'athéisme. En Allemagne, il a inventé l'École *monistique* ou mécanique; métaphysique-matérialiste à la recherche quintessentielle de l'origine première et finale de la création inorganique et organique, sous l'impulsion d'une cause fatale et inconsciente. C'est le contre-pied de la métaphysique-spiritualiste à la recherche des mêmes causes par la voie de l'âme et de de-Dieu. Au fond, en tant que recherches de

nouvelle conversion publique du jeune chilien M. Jorje Lagarrique, ancien littréiste, et traducteur de la « Préface d'un disciple. » M. Littré en était certes bien fier, lorsqu'il parlait de lui par deux fois. — *La Revue occidentale*, sous la direction de Pierre Laffitte, 1er mai, 1879, t. II, p. 371-393.

causes intimes, l'une et l'autre sont du domaine de la métaphysique. Cette école scientifique ou monistique ne voit que de la matière à la lumière de l'expérimentation à outrance vraie ou fausse.

Eh bien, si vous la questionnez, elle vous dira de suite qu'elle est positiviste, ou à sa façon, ou dans le sens de M. Littré. Demandez-lui pourquoi elle n'est pas Comtiste, et elle vous reproduira confusément les objections de M. Littré. Insistez, et elle vous répondra qu'elle n'a jamais lu ou étudié ni Comte ni Littré. Ce qu'elle croit savoir est de ouï-dire. Dans ce sens, un essaim de beaux esprits se disent positivistes de l'École Littré. Il y a enfin une autre catégorie de savants qui affirment que la création entière n'est que la matière servie par des forces ou des sens; point de place pour l'esprit ni l'âme. Ils se vantent d'être de francs matérialistes, et, comme suivant eux, le positivisme n'est que du matérialisme déguisé, ils sont aussi des positivistes Littréistes de la première œuvre. Ce sont encore des égarés de M. Littré.

Sur le terrain religieux, c'est la même histoire. On ne veut plus de Dieu, plus de religion, plus de culte sous une forme quelconque ; pas même de la Religion et du culte positivistes ou de l'Humanité ! Comme sur l'existence de Dieu M. Littré, suivant son habitude, a toujours eu la prudence d'avouer *qu'il n'en savait rien*[1], et que du culte il croit pouvoir s'en passer ; ces esprits forts, ces libres-penseurs, sont dès lors de l'école commode et peu compromettante de Littré. Toujours du disciple des élèves égarés.

---

[1] Le 9 juillet 1875. M. Littré était reçu franc-maçon à la loge de la Clémente-Amitié. Il avait à exposer quels sont les devoirs de l'homme envers Dieu. Parlant au nom de la Philosophie positive, le disciple trouve « *qu'elle ne nie ni affirme.* » C'est sublime ! En cela « cette philosophie a une réponse qui la distingue de toutes les autres doctrines. » Il n'y a pas un seul conservateur-libre-penseur qui ne vous tienne ce beau langage. C'est ménager la chèvre et le chou. M. Littré croit justifier sa haute position en ajoutant que la Philosophie positive « n'est ni déiste ni athée, et qu'elle relègue dans l'incognoscible tout ce qui ne peut pas être connu. » Si la Philosophie positive ne peut expliquer la naissance et la mort des dieux, elle ne vaut pas vraiment grand'chose. Nous renvoyons de nouveau le disciple au maître. Voir Littré : *Fragments de philosophie positive.* Paris, 1876, p. 596-603.

Mais côte à côte de ce courant athéiste et matérialiste, un autre courant social coule majestueux, élargissant son lit. Ce courant symbolise le *règlement* et le *ralliement* des cerveaux anarchiques ou détraqués. Le premier courant, égoïste, se perd affolé dans l'immensité de la matière ou de l'esprit ; le second courant, altruiste, sûr de ses pas, plonge au sein de l'Humanité. Ceux-là qui, écœurés de la corruption de l'Église politique officielle, las d'un cœur vide, jettent un regard de bénévolence sur les choses humaines et trouvent en eux-mêmes leur propre providence ; ceux-là, chaque jour, viennent à nous. C'est dire que l'École Littré baisse visiblement, au fur et à mesure que l'École Laffitte monte sûrement. Les élèves équivoques de la première École ne savent pas plus que leur maître ce qu'ils veulent ni où le chercher ; tandis que les élèves pleins de foi de la seconde École, ont leur programme tracé à l'avance et la route est entièrement frayée.

III. — LA REVUE LITTRÉ-WYROUBOFF.

Nous avons un petit compte à régler avec la *Revue Littré-Wyrouboff*. Nous avions eu l'honneur de lui adresser à la date du 22 février 1876, un exemplaire de notre volume *Le Positivisme*. Plus d'un an après, en mars-avril 1877, cette *Revue* accouchait d'une souris enragée. Dans deux pages à peine, elle se débat de la sorte : « A en juger par ce premier essai, ce sera une exposition un peu vague, un peu confuse, un peu brouillée, dans laquelle il y aura à prendre et à laisser. M. Poëy, en effet, après avoir été partisan du positivisme scientifique, s'est jeté à corps perdu dans le positivisme religieux. Il ne retranche rien à M. Comte ; il est vrai qu'il ne lui ajoute pas beaucoup non plus, si ce n'est des citations nombreuses empruntées aux écrits de ses exécuteurs testamentaires. L'abondance de ces citations est vraiment extraordinaire et quelques-unes d'entre elles sont absolument inexplicables.

C'est ainsi qu'en parlant du plan de la philosophie positive que M. Comte traça dès 1822, l'auteur met entre guillemets cette phrase. « Plan, dit M. Laffitte, qu'il accomplit en trente-cinq années d'un labeur continu; » ailleurs, en exposant la condition du sauvage, il éprouve le besoin d'ajouter « il obéit à ses penchants, il les satisfait quand il peut, comme il peut, puis il dort, » dit M. Laffitte. Ce n'eût été là qu'un détail de mince importance, s'il n'indiquait pas que le livre entier de M. Poëy est un commentaire sur les commentaires des disciples d'une certaine catégorie, beaucoup plus que sur le texte même de M. Comte. Cela est dommage. »

Cette sortie est signée G. W. c'est-à-dire M. G. Wyrouboff, le collaborateur, que disons-nous, le porte-voix de M. Littré, son *alter ego*. Il n'est donc pas étrange qu'il ait mis en pratique les préceptes du patron, même lorsqu'il parle de *Monsieur* Comte vingt ans après sa mort. Tout y est, jusqu'au verbe *brouiller*. Comte a *brouillé* les méthodes, dit le disciple-maître. Notre exposition est un peu *brouillée*, dit son élève. « Hé, que n'avez-vous brouillé, Messieurs? »

Que notre exposition « soit un peu vague, un peu confuse[1], un peu brouillée, un peu tout ce que voudra M. Wyrouboff, cela nous importe peu, venant de l'école Littré. Il nous importe encore moins que ces *pseudo-philosophes* nous « *patronnent* ». Nous nous en passerons admirablement. Que notre œuvre de vulgarisation porte des fruits, et « n'est pas tout à fait perdue », puisqu'au « milieu et à côté des conceptions bizarres de Comte, pour ne pas dire autre chose *(sic)*, nous avons exposé aussi celles qui sont définitivement acquises, parce qu'elles sont vraies » — (cet aveu est naïf) — c'est tout ce que nous demandons. Si nous avons dit « ce que nous avions à dire », si « le reste ne sera plus qu'amplification et répétition[2] », nous le

---

[1] Décidément M. Wyrouboff tient à sa locution *un peu confus*, qu'il appliquait non moins heureusement, en 1868, au livre du P. Secchi « sur l'Unité des forces physiques » *Revue de Philosophie positive*, mars-avril 1868, p. 253.

[2] Vous craignez donc que nous ayons autre chose à

verrons bien. Si des volumes subséquents que nous publierons vous « n'exceptez qu'un seul, la *Bibliographie positiviste* », cela nous est fort égal, venant de vous, nous vous le répétons. Quant à cette accusation, qui essaie d'être ironique, « de nous jeter à corps perdu dans le positivisme religieux », c'est de la rhétorique, pour ne pas dire plus, *ad usum* de l'école Littré. Mais arrivons au gros de l'affaire. Nous avons entassé Ossa sur Pélion, des montagnes de « citations vraiment extraordinaires, empruntées aux écrits des exécuteurs testamentaires, dont quelques-unes » (vraiment extraordinaires, non!) sont absolument inexplicables ». Eh pourquoi donc, s'il vous plaît? Parce que ayant à dire exactement que « Comte avait accompli son œuvre en trente-cinq années d'un labeur continu », nous avons emprunté à M. Laffitte cette phrase toute faite, et

---

dire? Votre conseil part d'un bon naturel, mais à « l'amplification et à la répétition, » si vous lisez ce second volume, vous y trouverez beaucoup de choses qui vous intéresseront particulièrement.

l'avons mise de bonne foi « entre guillemets », ne voulant pas nous l'approprier; ou encore parce que, parlant de la condition du sauvage, nous avons trouvé sous notre plume une charmante expression réaliste, en la renvoyant au même auteur; quel crime irrémissible, vraiment ! On voit qu'il n'y a rien « d'absolument inexplicable » en cela, si ce n'est le commentaire bénévole, au besoin arrogant, de ces gens qui, n'ayant point le courage d'attaquer de front, essaient de tuer leur adversaire à coups d'épingles.

Ce qui s'explique mieux en cette affaire, le voici : La conscience de la *Revue Littré-Wyrouboff*, paraît-il, est plus élastique que la nôtre, car ces messieurs, habitués à prendre leur bien où ils le trouvent, escamotent à cœur joie les phrases des exécuteurs testamentaires et bien d'autres, comme ils escamotent les vraies conceptions d'Auguste Comte, pour les couler dans leur moule vermoulu. Mais le fin mot, c'est que le reproche qui nous est adressé cache une mise en scène. Il fallait arriver à présenter notre volume comme un simple « commentaire sur les commentaires des exécuteurs testamentaires » — ce cauchemar des positivistes Littréistes — et non pas comme un travail sur le texte même de « M. Comte », pour en annihiler la valeur. Et puis « cela est dommage » est le chef-d'œuvre du genre Escobar. Tartuffe lui-même, « *le pauvre homme !* » n'eût pas mieux dit.

Nous aurions passé cette boutade, aussi peu franche que spirituelle, si elle ne s'attaquait point à notre conscience scientifique. Nous nous contentons de relever la remarque sur « l'abondance vraiment extraordinaire de nos citations », sans discuter avec nos adversaires, si elles sont tirées des exécuteurs testamentaires ou de Comte, car la *Revue Littré-Wyrouboff* ne connaît pas plus l'un qu'elle n'est capable de rendre justice aux autres. Autrement elle aurait vu que tout ce qui est dans notre volume sous le nom des exécuteurs testamentaires est également « *dans le texte même de M. Comte* » ;

sauf leurs propres développements et la part qui nous revient, et que nous allons signaler.

IV. — NOTRE VOLUME[1].

C'est au public que nous nous adressons maintenant; c'est notre droit et notre devoir, puisqu'il a plu aux rédacteurs de la *Revue Littré-Wyrouboff* de l'induire en erreur. Pour rétablir la vérité, il nous suffit de dire que sur trois cent quatre-vingt-seize auteurs cités, on n'y trouve que quatre exécuteurs testamentaires dans l'ordre des citations suivantes : Laffitte, 28 fois; — Audiffrent, 12 fois; — Robinet, 8 fois; — Longchampt, 2 fois. — C'est tout. Des 28 citations empruntées à M. Laffitte, 6 nous sont personnelles; 4 ne sont que des tournures de phrases, dont 2 se rapportent au même sujet; 14 développent la doctrine de Comte dans sept passages distincts; 4 sont des mots et des idées de Comte. Pour M. Audiffrent, 5 de nous et 7 dévelop-

---

[1] A. Poëy, *Le Positivisme*. Paris, 1876. Un vol. in-12, de xxiii-384 pages. Germer Baillière.

pements d'après Comte. Pour le docteur Robinet, 3 de nous; 4 de développements, 1 des idées de Comte; pour M. Longchampt, 1 de nous, et 1 des idées de Comte. — C'est encore tout.

On voit maintenant à quoi se réduit l'accusation de la *Revue Littré-Wyrouboff*, de « citations nombreuses vraiment extraordinaires empruntées aux écrits des exécuteurs testamentaires ». Voilà comment ces messieurs comprennent la bonne foi, aussi bien envers le maître qu'envers nous et envers les exécuteurs testamentaires. C'est le cas de leur dire, « c'est bien dommage! » pour la bonne foi. Cela prouve encore qu'ils ne savent pas plus ce qu'il y a dans notre volume que dans ceux de Comte et de ses élèves. Pour achever de confondre ces messieurs, qui disent que le « livre *entier* de M. Poëy est un commentaire sur les commentaires des disciples d'une certaine catégorie, beaucoup plus que sur le texte même de M. Comte », voici la part totale de ce qui revient à Auguste Comte dans ce que nous avons emprunté à quatre de ses exécuteurs testamentaires :

D'idées de Comte............	6 citations.
De développements de Comte.	25 »
De citations à nous personnelles.................	15 »
De tournures de phrases....	4 »
Total........	50

En totalité, sur 407 pages de notre texte, une trentaine seulement représentent les emprunts que nous avons faits aux exécuteurs testamentaires ; le reste du livre *en entier* n'a plus rien à y voir. Tout ce qui est donc dans notre exposition est ou du Comte pur, ou de l'interprétation comtiste, bonne ou mauvaise, cela regarde le public, et non point les méchantes passions de la *Revue Littré-Wyrouboff*.

Maintenant, voyons rapidement la part qui nous revient dans chaque chapitre.

1° *Préliminaires*. — Énumération de nos travaux précédents en météorologie; vues personnelles; raisons pour lesquelles nous renions Littré; extraits de Comte.

2° *La Philosophie positive*. — Plan de notre *Bibliothèque positiviste*; appréciations sur l'École positiviste, par Étienne Vacherot, John Stuart Mill; autres généralités sur l'esprit du Positivisme d'après Comte.

3° *La Révolution d'Auguste Comte*. — Relation des conceptions et publications de Comte depuis 1817 jusqu'à sa mort, d'après lui-même; points marquants de sa doctrine.

4° 5° *L'Évolution négative et positive de l'Humanité*. — Dans un coup d'œil rapide, nous retraçons l'évolution de l'esprit humain, depuis l'homme sauvage jusqu'à nos jours; premièrement, sous la phase négative; puis, dans le chapitre suivant, sous la phase positive. Dans chaque période du Fétichisme, du Polythéisme et du Monothéisme, nous donnons les points culminants qui les caractérisent. Suivant pas à pas l'Humanité, nous la conduisons jusqu'à l'avènement de la Religion de l'Humanité à travers les sept sciences abstraites. Tous nos matériaux émanent de Comte, sauf ce qui a trait à la question de l'homme anthropoïde, qui, nous persistons à le croire, n'est pas encore tranchée.

6° *La Révolution de la Philosophie positive.* — Ici, surtout, nous accumulons les principes de notre doctrine dans toutes les branches du savoir humain. Ce sont des formules sur ce que le Positivisme substitue à l'ancien régime. Il n'y a pas une seule pensée qui ne soit tirée de Comte. Pour ceux qui n'y comprennent rien, ce peut être « un peu vague, un peu confus, un peu brouillé ». Nous ne voulions que formuler. Sous ce rapport, nous excusons la *Revue Littré-Wyrouboff.*

7° *Le fin mot du Positivisme.*

8° *Les limites du Positivisme.*

9° *Comment se forment les sciences positives et les positivistes.* — Ce sont trois chapitres dans lesquels nous envisageons ces questions d'après des commentaires personnels dont les données sont de Comte. Ici, pour la première fois, apparaît un développement de M. Laffitte sur la théorie du *grand homme*, toujours d'après les conceptions de Comte.

10° *Ce que nous sommes, ce que nous étions au début du Christianisme*. — Nous avons indiqué que ce chapitre nous est entièrement personnel, sauf les passages empruntés à Comte et à Martha. Débutant par la dictature rétrograde de Napoléon III, la dictature république de Gambetta, le *gâchis de l'ordre moral*. Puis, passant successivement en revue les partis politiques, les métaphysiciens, les scientifiques, les théologiens, les congrès internationaux, les systèmes philosophiques, etc., nous concluons que l'on se rapproche de plus en plus de la sociocratie positive, de l'esprit positiviste, des lois positives, de la Religion de l'Humanité, de la Fraternité universelle et de l'Humanitarisme. Mettant en parallèle la corruption du Paganisme sous l'empire romain jusqu'à l'époque de Marc-Aurèle, et la corruption de la papauté sous l'*Encyclique* et le *Syllabus* du cléricalisme moderne, nous disons :

« L'étude comparative des faits sociaux

nous démontre qu'à égalité d'institutions, notre xix° siècle n'est que la reproduction des premiers siècles de notre ère, qui furent aussi une période de transition. A cette époque le Paganisme expirait et le Christianisme commençait à fleurir, tandis qu'au xix° siècle l'HUMANITARISME triomphant va remplacer le Christianisme agonisant. »

11° *Le spiritualisme et le matérialisme négatifs.*

12° *Le théisme, le déisme et l'athéisme négatifs.* — Ces deux chapitres se complètent et dépeignent au point de vue de la science et de la religion le double mouvement rétrograde et révolutionnaire — en arrière et en avant — qui se disputent le commandement humain, et au milieu desquels le Positivisme introduit l'harmonie. Ici, les idées sont entièrement de Comte.

13° *Le Fétichisme positif.* — Ici apparaît M. Laffitte pour la seconde fois, dans son développement de la profonde conception de Comte, « d'incorporer le Fétichisme à la Religion de l'Humanité, en subordonnant les volontés aux lois. » A partir du xviiie siècle, au moment de l'épuisement du théologisme, un mouvement croissant de retour vers le fétichisme se manifeste dans les esprits cultivés. Nous le retrouvons chez Diderot et J.-J. Rousseau; il s'accentue chez Chateaubriand, Lamartine et Victor Hugo; chez les Lakistes en Angleterre; dans le naturalisme et le panthéisme en philosophie. Le reste est en partie de Comte, et en partie de nouvelles considérations d'auteurs étrangers que nous apportons à l'appui. Nous terminons par la chaise de cuir de M. Legouvé, espèce de fétiche qui préside à ses conférences et l'inspire. Il s'ensuit que si Auguste Comte a été proclamé fou pour avoir incorporé le Fétichisme au Positivisme, il faut avouer que la folie siège à l'Académie française.

14° La Physique négative et la Physique positive. — Encore un chapitre original qui n'existe nulle part. Aucun disciple n'a présenté les idées nouvelles de la physique d'Auguste Comte. Aucun n'a relevé que la grande doctrine de la conservation, de la corrélation et de la conversion équivalente des forces vives ou de l'énergie, formulée par Jules Robert Mayer, de 1842-1851, avait été développée par Comte, sous forme de constitution de sa douzième loi de Philosophie première, sur l'*équivalence entre la réaction et l'action*[1]. Personne n'a relevé non plus que Comte devança de sept années — en 1835 — les fameuses leçons de William R. Grove à l'Institution Royale de Londres, de 1842 à 1843, sur la réfutation de la métaphysique de l'éther et des fluides impondérables. Personne n'a signalé les idées que Comte établissait de 1829 à 1835, sur la philosophie de l'analyse mathématique dans ses rapports avec la physique etc., etc. Personne enfin n'avait mis en parallèle les idées de l'école *psycho-physique* avec les idées positives de Comte. La *Revue Littré-Wyrouboff* a fait la sourde oreille sur la loi de cette nouvelle école psychologique

---

[1] Nous l'avons dit, il y a dix ans, dans notre premier Rapport officiel au département d'agriculture de Washington, sur la « Météorologie agricole. » — *Report of the Commissioner of Agriculture, for the year* 1869. Washington, 1870, p. 103.

de l'Allemagne, formulée ainsi par Wundt : « La loi pyscho-physique nous démontre *l'identité* fondamentale de la *Logique* et de la *Mathématique*. Alors que M. Littré ne voyait dans la tentative de Comte de les identifier « que l'effort d'un esprit qui, placé dans le *mysticisme des illusions subjectives*, croit, par sa seule parole, dompter les réalités objectives. » On conçoit comment notre volume devait être « un peu brouillé, » lorsqu'il débrouillait l'embrouillement du disciple. Il faut voir les belles raisons de M. Littré sur la non-identité de la logique et de la mathématique [1]. C'est à n'y rien comprendre de la part d'un savant. La *Revue Littré-Wyrouboff* s'est toujours tue sur cet autre passage de Wundt, où ce savant fait une part tellement large au sentiment, qu'il l'appelle le *pionnier* de la connaissance, pourvu qu'il puisse s'appuyer sur la science ; « car, ajoute-t-il, il n'y a que la connaissance consciente qui

---

[1] Littré, *Auguste Comte et la Philosophie positive*, p. 563-569.

peut conférer au sentiment un droit et donner à l'imagination des limites. »

Nous avions rappelé que cette pensée — fondement de sa seconde vie — fut développée par Comte et formulée ainsi : « D'après la soumission de la raison à la foi scientifique et démontrable, l'esprit devient le ministre du cœur, mais non pas son esclave. » Cette subordination relative de l'esprit au cœur est un des signes de la folie de Comte, suivant le disciple, qui nie même l'insurrection de l'esprit contre le cœur, lorsqu'il n'y a que cela aujourd'hui ! Témoin, sa propre insurrection.

15° Le Darwinisme négatif et le Comtisme positif. — Ce chapitre est encore plus original par son interprétation. Comte était mort deux ans avant l'apparition de Darwin, et il s'agissait d'apprécier cette doctrine au point de vue du Positivisme. Voici pourquoi : ni l'Ecole Littré, ni l'Ecole Laffitte ne sont partisans du Darwinisme. A notre avis, on n'a jamais conçu ni l'esprit de cette nouvelle Ecole, ni le fondement qui se trouve dans la doctrine de Comte, ni la part qui revient à notre École. Le docteur Audiffrent va jusqu'à dire : « Aussi bien au point de vue logique qu'au point de vue doctrinal, le positivisme rejette la conception de M. Darwin. »

Les seules réfutations du Darwinisme, dignes d'attention, publiées en France au point de vue de notre doctrine, sont celles du docteur Second, et surtout du docteur Audiffrent, sans excepter celles de M. Littré. M. Laffitte dans son cours n'a insisté légèrement que sur les limites de variations de la modificabilité de l'espèce, d'après les données de Comte. Le docteur Audiffrent dit que l'arbre généalogique de Darwin est aussi illogique que l'échelle zoologique de Lamarck ; mais que celle-ci est au moins originale et rationnelle. Que le problème de la subordination naturelle de tous les types vivants est aussi insoluble que celui de l'origine des êtres. Qu'à l'action modificatrice du milieu physique et vital, établie par Buffon, Lamarck et de Blainville, Darwin fait, à tort, une plus large part à ce qu'il appelle la concurrence vitale, la lutte pour la vie et la sélection naturelle. Que les disciples de Darwin ont souvent méconnu les lois de l'hybridation, en admettant que les croisements d'espèces peuvent donner lieu à des variétés indéfiniment fécondes, etc. A cela le docteur Audiffrent oppose que l'idée même de série, de succession, implique une progression linéaire, tout autre mode étant contradictoire. Donc, la série biologique doit être linéaire et rectiligne, attendu que l'esprit humain ne peut saisir, par le fait de sa faiblesse intellectuelle, une comparaison établie d'après une autre image. C'est pour cela que les biologistes ont rejeté, sans s'en rendre compte, toute échelle à deux ou trois dimensions. Que quand l'école de Darwin aura fait son temps, les matériaux nombreux qu'elle aura réunis seront avantageusement utilisés pour construire, suivant le vœu de Blainville, la théorie des milieux, et fixer les limites de la modificabilité vitale. C'est là que trouveront leur place, les questions relatives aux divers modes de sélection et de concurrence vitale. Que la solution capitale est celle de l'action modificatrice à laquelle est soumis l'organisme humain ; action à la fois physique, vitale, sociale et morale, conformément au problème de la modificabilité établi par Auguste Comte. Que c'est en vain que l'on tenterait de constituer une synthèse objective, dont l'immensité des matériaux à réunir, la complexité considérable des faits ne laissent aucun espoir de fonder une science concrète parallèlement à la science abstraite. Cette dernière ne peut même prétendre à une coordination procédant de quelques faits assez généraux pour comprendre tous les autres. Bon gré, mal gré, il faut donc se contenter d'une systématisation dont la connaissance de l'homme doit rester le but et fournir le moyen [1].

A ces principes déjà déduits par Auguste Comte, nous n'avons d'autres réserves à faire que sur les *vraies limites* de la modificabilité de l'espèce. C'est là qu'est le nœud gordien.

[1] Audiffrent, *Revue de politique positive*, de Sémérie, 16 août p. 133 et 1er septembre 1872, et p. 156.

Les variétés qui ont atteint les limites les plus éloignées de la modificabilité, et dont les caractères sont devenus fixes héréditairement, est ce qu'on appelle des *races*. Les modifications physiques ont presque cessé, mais les modifications sociales commencent à peine. Quelle sera l'influence de l'homme sur ces modifications? Elle peut être immense. De même, lorsque l'action physique et naturelle a cessé, on ne s'imagine point ce qu'elle a pu être. Nos données sur les générations humaines ne suffisent point pour l'entrevoir. Ni le principe des phénomènes irréductibles, ni le principe de la filiation ne seraient atteints, en admettant une limite de modificabilité bien plus étendue, au même titre que la notion de loi, qui est, au fond, la constance dans la variété. Auguste Comte lui-même admet que ces limites sont encore inconnues.

Mais là n'était pas la question que nous voulions traiter dans notre chapitre. Nous l'avons pris de plus haut. Étant donnée la doctrine de Darwin, avec ses vices et ses lacunes, il fallait faire ressortir son esprit, sa tendance et ses rapports avec le Positivisme. Nous l'avons fait dès lors très brièvement, réservant le développement pour une monographie spéciale. Nous l'avons dit en deux mots : toute la valeur philosophique du Darwinisme, ou, plus proprement parlant, de la loi encore inconnue de la modificabilité de l'espèce, consiste dans la part qu'il faut faire au *concours* et à l'*indépendance* de l'existence physique, vitale et sociale. C'est le principe de statique sociale vaguement entrevu par Aristote[1] qui se pose carrément en biologie. Dans le concours réside la *solidarité*, et la *continuité* est dans l'indépendance. Depuis 89 chacun ne rêve qu'à une solidarité individuelle, vague et étroite ; mais en proclamant la continuité historique, Auguste Comte détermine l'influence croissante des générations les unes sur les autres, base de la science sociale, et de la science biologique. Il institue la solidarité dans le temps à l'aide d'une continuité

---

[1] Voir p. 158.

apte à diriger et à régler la solidarité elle-même, suivant son admirable formule : *les vivants sont de plus en plus gouvernés par les morts*. En y réfléchissant bien, c'est là qu'est le problème philosophique de la question de la modificabilité de l'espèce.

Lorsque Darwin apparut en 1859, l'école de la fixité immuable de l'espèce régnait en souveraine. De même en géologie, lorsque Lyell apparut en 1830, les cataclysmes incommensurables régnaient en système souverain. L'un et l'autre tendaient inconsciemment à établir que le concours de la solidarité et l'indépendance de la continuité n'avaient jamais été interrompus. Des évolutions extrêmement lentes dans les révolutions biologiques et terrestres accusaient une continuité fondamentale. Que l'Ecole de Darwin ait méconnu son principe ou l'ait exagéré outre mesure, il nous importe peu ; car, après lui, d'autres viendront qui remettront tout en place, selon la loi d'enchaînement du progrès. Toute grande révolution requiert un fort coéfficient de défalcation. Toute impulsion puissante oscille entre deux points extrêmes avant de trouver son centre d'équilibre. C'est une loi de mécanique bien connue, qui s'étend au monde moral. Quand la fièvre du Darwinisme sera passée, on reviendra à l'école positiviste, et c'est alors qu'on jugera notre interprétation à sa véritable valeur. Le Darwinisme, n'eût-il rendu d'autre service, aura toujours contribué à ébranler le dogme de la création surnaturelle, de la révélation, du miracle, de la fable théologico-métaphysique des créations linnéennes et cuviériennes; en un mot des *six jours!* Cela suffit grandement à son œuvre.

La seconde partie originale de notre chapitre consiste en ce que nous sommes encore les seuls à signaler que le principe de l'évolution et de la filiation de l'espèce avait été développé par Auguste Comte de 1836 à 1837, et repris de 1851 à 1853. Le *substratum* du Darwinisme est dans la Philosophie positive: c'est l'hérédité et l'adaptation, ou ce que Comte appelle l'influence des *milieux*, au point de vue physique, vital, social et moral ; en un mot, la systématisation du Positivisme est entièrement basée sur le principe de l'évolution et de la lutte pour l'existence, d'après la filiation historique.

Nous avons également attiré l'attention sur d'autres points de contact établis par Comte à l'égard des idées innées, des causes intimes et finales, de la fatalité; et enfin nous avons personnellement réfuté les applications sociales de l'École de Darwin, la loi de Malthus, etc. Dans ce chapitre de 51 pages, on ne rencontre que deux citations du docteur Audiffrent sur l'évolution des épidémies, et sur l'hérédité des maladies mentales et de l'innervation, toujours d'après Auguste Comte.

16°. La politique négative et la politique positive. — Nous avons eu, généralement, et ici en particulier, tellement à cœur de suivre Auguste Comte, pour ainsi dire à la lettre, que nous avons conservé jusqu'à des tournures un peu lourdes qui auraient pu facilement être évitées. Ses idées sur cette question se trouvent déjà en germe dans ses opuscules de 1819 à 1826, puis dans l'ensemble de sa doctrine : tout ce qui se rapporte à l'avenir est tiré du quatrième volume de sa Politique positive. Le passage emprunté au docteur Robinet sur la dictature républicaine, n'est qu'une répétition de Comte. L'épigraphe suivant qui est en tête, résume pour la première fois, la doctrine du maître : « *La politique positive, fondée sur l'histoire, et subordonnée à la morale.* »

Notre conclusion écrite en juin 1874 se vérifie aujourd'hui : « L'union des conservateurs et des républicains, sous la présidence des premiers, l'instinct de concorde inconsciente qui pousse le centre droit vers le centre gauche..... Comte a toujours conféré la présidence de la transition organique aux conservateurs réformés. »

Quoi de plus *conservateur* que notre petite République ! Quoi de plus conservateur que ces chefs *opportunistes* ! On porterait même l'esprit de conservation jusqu'à tout perdre ; car sans la liberté *en action*, point d'ordre, point de progrès ! Que nous importe la *liberté* en principe ! La liberté sur nos bannières ! La liberté sur papier timbré ?

17° *L'esthétique négative et l'esthétique positive.* — Nous avions bien établi dans une note « que l'élaboration de l'esthétique positive est une des parties les moins connues de la grande œuvre de Comte. M. Laffitte a abordé accidentellement ce sujet dans son dernier cours de 1874-1875, sur l'appréciation des Grands types de l'Humanité, suivant le *Calendrier positiviste*. Cette étude ne s'applique qu'à l'esthétique grecque, personnifiée dans Homère, Eschyle, Phidias et Aristophane. Quant à l'évolution historique de l'esthétique, à partir du Fétichisme jusqu'au début de notre siècle, elle n'a jamais été énoncée en dehors de Comte, chez qui, cette élaboration embrasse 260 pages disséminées dans ses trois opuscules de 1820 à 1825, ainsi que dans onze volumes publiés de 1839 à 1856 [1]. »

[1] Ceci n'empêchera pas M. Littré de dire qu'une des lacunes de la Philosophie positive, est l'esthétique ; et nous n'en voulons d'autre preuve que le silence de sa Revue. *Auguste Comte et la Philosophie positive*, p. 677.

Nous condensions en six pages les principes de l'esthétique positive, dont la formule est la suivante : « Le Positivisme fait dériver l'Art du *sentiment*, et idéalise la *réalité*, » par opposition à la formule romantique : « On fait dériver l'art de l'*imagination*, et on idéalise la *fiction*. »

Nous donnons sous les différentes phases sociales, l'évolution de la poésie — le plus noble des Arts — à travers le Fétichisme, le Polythéisme théocratique-conservateur, le Polythéisme progressif-intellectuel, le Polythéisme progressif-social, le Monothéisme, pendant les cinq derniers siècles d'anarchie, à partir de la chute du régime catholico-féodal, comprenant le mouvement spontané, le mouvement protestant, et le mouvement déiste jusqu'à Walter-Scott, Chateaubriand et Manzoni en passant par Goëthe et Byron. Auguste Comte n'a pas tenu compte de Victor Hugo et de son Ecole, la considérant comme une simple affirmation de l'école déiste. Nous terminons par une apothéose du Panthéon des grands hommes : « C'est dans ce temple sacré où reposent les cendres immortelles de nos pères spirituels, c'est dans ce Panthéon que l'Art, la Science et l'Industrie fraterniseront dans les bras du Grand Être, sous l'inspiration de la devise : *Aux grands hommes l'HUMANITÉ reconnaissante !* »

Dans ce chapitre de 35 pages, il n'est question de M. Laffitte que dans trois passages : renvoyant à sa remarque sur Vico et Wolff, où il signale leur méconnaissance de l'admirable unité du chantre de Chio, et nous y ajoutons l'application qu'en fit Niebuhr à l'histoire des premiers siècles de Rome ; sur l'origine de la tragédie, à propos des satires d'Aristophane, et sur la chute artistique d'Athènes. Total deux pages à peine. Le reste est une condensation des plus scrupuleuses extraite de plus de 300 pages des œuvres de Comte.

A la suite de cet exposé de bonne foi, la *Revue Littré-Wyrouboff* osera-t-elle encore soutenir avec sa tactique enfiellée, que « le livre entier de M. Poëy est un commentaire sur les commentaires des disciples d'une certaine catégorie, beaucoup plus que sur le texte même de M. Comte ? »

Cependant, nous nous faisons honneur de citer les exécuteurs testamentaires, attendu qu'eux seuls, et non point les pseudo-comtistes, connaissent et sont en état de juger notre doctrine. Mais pour faire œuvre ici entièrement personnelle, en réfutant M. Littré, et conserver notre propre originalité, nous n'avons voulu rien emprunter à leurs réfutations. Nous en parlerons à la fin.

Cette attaque de la *Revue Littré-Wyrouboff* nous remet en mémoire une autre de ses bouderies, lors de l'apparition de la *Revue philosophique* de M. Th. Ribot. Voici l'accueil qu'on lui fit : « L'entreprise est chimérique, parce qu'elle ne correspond à aucun besoin, elle peut trouver un public — ce que je lui souhaite d'ailleurs, sans oser l'espérer — elle ne produira jamais rien de sérieux... La Revue de M. Ribot me fait l'effet d'un édifice qu'on aurait bâti avec tous les matériaux possibles, dans tous les styles imaginables et qui n'aurait de commun que la couverture. C'est là, on l'avouera, une unité fort insuffisante, surtout lorsqu'il s'agit de philosophie, de la chose du monde qui demande le plus d'uniformité dans ses parties, pour être sérieuse et durable... Il eût peut-être mieux valu consacrer la *Revue* tout entière à l'analyse des œuvres philosophiques nombreuses qui paraissent. C'eût été plus intéressant, à coup sûr c'eût été plus utile[1]. »

L'entreprise de la Revue de Philosophie positive ne peut passer pour chimérique, à coup sûr, car elle a pris d'assaut le glorieux héritage d'Auguste Comte, et elle a servi de « piédestal » au fameux procès, à Mme Comte et à M. Littré. Tout, jusqu'au titre, y est d'un savant calcul : « La Philosophie positive » et comme sous-titre « Revue. » C'est parce que la philosophie « est la chose du monde qui demande le plus d'uniformité dans ses parties, pour être sérieuse et durable, » c'est pour cela que M. Littré a complètement anéanti l'unité de la vie et de la

---

[1] Littré, *Revue de Philosophie positive*, 1876, t. XVI, p. 468-469.

doctrine du maître. Que la *Revue Littré-Wyrouboff* s'applique donc à elle-même cet effet d'un édifice aux matériaux de mille formes et couleurs, d'un style impossible, n'ayant de commun avec notre doctrine que le titre bien choisi. L'éclectisme Cousiniste n'a jamais fait tant de merveilles ! « A coup sûr » c'est très « intéressant, très utile ! »

La Revue philosophique de M. Ribot a simplement répondu à cette jalousie de métier dans les termes convenables que voici :

« La Philosophie positive nous a « souhaité la bienvenue, » en nous disant que nous « n'avions pas de raison d'être, » et en nous faisant le reproche d'éclectisme.

« A ce jugement qui, de sa part, est tout naturel, nous répondrons :

« Que notre raison d'être, c'est de publier tous les travaux philosophiques sérieux, spéciaux, et même techniques, qui n'auraient pu trouver place dans une Revue *fermée*, par suite des opinions hétérodoxes de leurs auteurs ;

« Que nous ne sommes point éclectiques,

car éclectisme veut dire choix : or, la *Revue* propose et ne choisit pas.

« Plus tolérants, nous croyons que la *Philosophie positive* a sa raison d'être, et, en la remerciant de ses sentiments de bonne confraternité, nous lui souhaitons, en France et à l'étranger, le public qu'à tort elle « n'ose espérer » pour nous [1].

La *Critique Philosophique* de M. Renouvier, qui n'est point des nôtres, a du moins été loyale à notre égard : « Une préoccupation, dit-elle, que nous remarquons dans l'ouvrage de M. P..., et que nous devons signaler, parce qu'elle en fait toute *l'originalité* (nous soulignons), c'est « d'incorporer, » comme il dit, les faits nouvellement découverts aux faits déjà systématisés par Auguste Comte, c'est de rattacher au positivisme les doctrines et hypothèses scientifiques aujourd'hui en faveur, c'est notamment de réconcilier le positivisme comtiste avec le transformisme darwinien. M. P... se plaît à voir et

---

[1] *Revue philosophique*, etc., dirigée par Th. Ribot, 1876, t. I, p. 632.

à montrer dans le mouvement scientifique contemporain la confirmation des vues du maître[1]. »

L'excellente *Revue Scientifique* de M. Algrave, qui nous a témoigné une bienveillante sympathie dans plus d'un passage, se montre en parfait accord avec M. Renouvier :

« Dans la partie la plus neuve et la plus originale de son exposition, l'auteur recherche quels sont les rapports du positivisme et des principales théories modernes. Loin d'en accentuer l'antagonisme qui est souvent évident, il trouve maintes fois dans les travaux contemporains la vérification involontaire, il est vrai, et parfois inconsciente, mais d'autant plus précieuse pour lui, des dogmes positivistes. Il est certain, pour citer un exemple de ces rapprochements, que la théorie de Comte peut, elle aussi, se résumer en ces mots : évolution et continuité; que la théorie de la sélection de Darwin n'est qu'un cas de la théorie des milieux, em-

---

[1] Renouvier, *La Critique philosophique*, du 30 mars 1876, p. 140.

pruntée par Comte à Lamarck et à de Blainville. L'auteur aurait même pu ajouter que Comte a signalé formellement les éliminations successives de la sélection[1]. »

« M. A. Poëy est Américain ; — ce fait mérite d'être noté à une époque qui a eu l'étonnement d'entendre parler de *science nationale*. Réussira-t-il dans sa généreuse entreprise ? Ce ne serait pas la première fois qu'un écrivain français devrait sa popularité chez nous à l'admiration des étrangers. Puisse-t-il réussir à faire mieux connaître un penseur trop ignoré même en France — surtout en France[2]. »

La *Revue Littré-Wyrouboff* aurait pu s'assurer à l'aide de ces critiques que nous n'avons pas failli à notre programme : « En vulgarisant la philosophie positive d'Auguste Comte, nous nous efforcerons de l'étendre, avons-nous dit, à l'aide d'applications puisées dans les évènements du jour, ainsi que dans

---

[1] Voyez la *Philosophie positive* condensée par Miss Martineau, t. I, p. 503.
[2] *Revue scientifique*, 11 mars 1876, p. 263.

les découvertes réalisées depuis que ce penseur s'était interdit toute lecture, comme mesure *d'hygiène cérébrale*. Nous y ferons figurer les recherches postérieures à sa mort, de même que d'autres qui remontent à la plus haute antiquité, chaque fois qu'ils porteront l'empreinte du positivisme[1]. »

V. — CONCLUSION.

Mais dira la *Revue Littré-Wyrouboff* pourquoi tant vous débattre, puisque notre opinion vous importe fort peu et ne vous touche guère? Votre opinion personnelle? Oui. Mais non pas l'opinion dans laquelle vous pourriez entraîner vos lecteurs. Ce n'est donc pas à vous que nous nous adressons, c'est au *grand public*, et nous voulons le mettre en garde contre votre rhétorique, vos sophismes, vos rancunes, votre ignorance et votre mauvaise foi! Cela moins encore pour le présent que pour l'avenir. Nous tenons aussi à ce

---

[1] A. Poëy, *Le Positivisme*. Paris, 1876, p. 10.

que l'on sache que nous ne travaillons pas à la légère, que nous ne bâclons pas nos bouquins à coups de ciseaux. Nous y mettons beaucoup de temps peut-être. En revanche, quand nous livrons notre travail à la publicité, nous avons la satisfaction d'avoir accompli consciencieusement notre tâche. Mais puisque nous sommes sur le terrain des personnalités, profitons-en pour ajouter, sans redouter que ces messieurs y trouvent « grand dommage », que nous avons dressé des glossaires index des *mots*, des tables alphabétiques des *matières* et des *auteurs* cités dans *tous les écrits* d'Auguste Comte. A l'aide de ces précieux outils, nous pouvons écrire et discuter sur une conception du maître, avec pleine connaissance de ce qu'il a pensé et écrit à toutes les époques de sa vie. Quand il s'agit d'un extrait, nous le condensons jusqu'à trois fois, jusqu'à ce que nous soyons arrivé à en extraire la quintessence, dans le plus petit nombre de lignes possibles. Tel est le cas, pour nos chapitres des séries de la vie végétative et animale, de la politique et de l'esthétique. Sur les évolutions négative et positive, nous avons fait deux extraits. Enfin, économie de mots, abondance de matériaux pour parfaire notre œuvre et atteindre le but que nous nous sommes proposé, telle est notre méthode de travail.

Pour terminer, disons que nous ne consultons personne. Notre œuvre est entièrement personnelle, nous sommes seul responsable de ce que nous publions, persuadé qu'il y a peu à gagner et beaucoup plus à perdre en consultant. Si l'œuvre est bonne, on s'expose à être pillé, si elle est mauvaise à être bafoué. Rarement on reçoit un conseil sage, bienveillant, désintéressé. Puis, comme disait Boileau :

> Fuyez surtout, fuyez ces basses jalousies,
> Des vulgaires esprits malignes frénésies.

C'est dire que nous n'appartenons à aucune coterie. Nous voulons la franchise et nous pratiquons le franc-parler. Ensuite, il y a un mérite à ne compter que sur soi, c'est qu'on est entraîné à étudier à fond la matière que l'on traite. En consultant, nous apprenons à tourner les difficultés, sans les résoudre. C'est une paresse d'esprit très peu salutaire. S'il s'agit d'une œuvre à créer, le mal est plus grand, car les conseils font perdre la personnalité, source de l'originalité. Une originalité est un tempérament *sui generis*. On ne doit pas, on ne peut lui donner des conseils. Il faut que l'être puisse agir en pleine liberté. Plus la chose est nouvelle, moins elle est saisissable dans sa réalité. Allez consulter avec vos contemporains telle découverte perçue par vous, dont l'échéance éclosive est reculée à plusieurs siècles, et ne pourra prendre qu'alors possession des cerveaux ! A quoi cela vous servira-t-il ?

Tel fut le cas d'Auguste Comte, et il faut être de son avis, quand au moment de lire à la Société Positiviste, les premiers chapitres de sa *Politique positive*, il aurait fait la recommandation que M. Littré rapporte croyant en cela lui nuire. « M. Comte, dit-il, commença par nous recommander de nous abstenir de toute observation, attendu qu'il n'en voulait admettre aucune, puis il se mit à lire[1] » Que pouvait donc objecter M. Littré, lorsqu'aujourd'hui il est encore incapable de comprendre la doctrine du maître. Mieux vaut mille fois, cette franchise de Comte que l'hypocrisie de ceux qui font semblant d'écouter les conseils.

[1] Littré, *Auguste Comte et la Philosophie positive.* Paris, 1863, p. 527.

CHAPITRE III

M. ÉMILE LITTRÉ AU TRIBUNAL DU POSITIVISME.

> « Les morts gouvernent
> les vivants ! »
> A. Comte.

I. — LA POSTÉRITÉ.

Mme Comte et M. Littré ont fait comparaître à la barre l'honneur et la gloire d'Auguste Comte, au nom d'une folie imaginaire. Eux seuls porteront la responsabilité de cette accusation. Mais il est grand temps que la burlesque comédie soit démasquée, afin d'empêcher M. Littré de recruter de nouveaux néophytes. Nous venons donc, à notre tour, faire comparaître M. Littré non pas devant les Tribunaux civils, mais devant le Tribunal suprême de la conscience publique.

Voilà pourquoi nous donnons à notre critique ce titre :

M. Émile Littré au Tribunal du Positivisme.

La plus grave entre toutes les accusations que nous nous croyons en droit de formuler contre M. Littré, est d'avoir lancé contre Auguste Comte « un réquisitoire bourré d'allégations offensantes, niaisement malveillantes et diffamatoires. » Nous ne voulons pas rester sous le coup d'une telle accusation, et devançant l'avenir, nous allons résumer notre plaidoirie auprès de l'Humanité, ignominieusement outragée dans la personne de notre vénéré maître.

II. — LA VIERGE-MÈRE.

Parlant au nom *des morts qui gouvernent les vivants*, la postérité dira à M. Emile Littré :

Vous avez affirmé « que vous décliniez l'hypothèse de la Vierge-Mère, qu'un esprit monté à l'état mystique a pu seul écrire, et que vous ne transcriviez qu'à regret ; vos devoirs envers la philosophie vous le commandant. »

Votre premier devoir vous commandait, M. Littré, de respecter le texte et le maître. Vous ne l'avez pas fait. Vous avez choisi à dessein les passages incriminables, sans antécédent, sans conséquent, et de là, vous voilant hypocritement la face et enfourchant le cheval de la critique, vous vous écriez : « Je ne voudrais pour rien au monde entrer dans les conséquences morales qu'entraîne pour l'un et l'autre sexe une telle hypothèse... De pareilles combinaisons subjectives sont de vaines ombres ; mais que dire quand, prenant ces ombres pour des réalités, on déclare que l'utopie de la Vierge-mère est le résumé synthétique de la religion positive, et que l'on veut diriger d'après un pareil type toute la vie individuelle et sociale [1]. »

« Que dire ? » Que c'est absolument faux.

C'est faux, parce que l'utopie de la Vierge-Mère est une limite imaginaire, en vue de

[1] Littré. *Auguste Comte et la Philosophie positive*. Paris, 1863, p. 584-586.

régler l'instinct sexuel et de systématiser la *procréation*, afin de pouvoir atteindre le perfectionnement idéal et moral de la nature humaine. Le type éternel de notre perfectionnement se symbolise dans la femme, « que le moyen âge plaça sur un trône et que le Positivisme élève sur un autel, » dit le docteur Audiffrent. « Réformer en le contenant, poursuit ce savant, le plus impérieux, le plus perturbateur et le plus indisciplinable de nos instincts, » voilà, ajoutons-nous, « les conséquences morales, pour l'un et l'autre sexe, dans lesquelles M. Littré ne voudrait entrer pour rien au monde ! »

L'utopie de la Vierge-Mère n'est ni du « mysticisme », ni de « vaines ombres », car elle ne dépasse point les limites de toute saine utopie, imaginée pour condenser et rallier nos efforts théoriques et pratiques en une synthèse où nos émotions et nos conceptions puissent converger. Les utopies scientifiques sont ce que furent les *mystères* pour la théologie. La systématisation catholique se condensa dans l'incomparable sacrement de l'*Eucharistie*, résumant à la fois le culte, le dogme et le régime ; d'autre part, la transmutation des métaux rendit à la chimie le même service. De même, l'espace, l'analyse infinitésimale, l'inertie, le liquide mathématique, l'éther, l'atomisme, le dualisme, la force vitale, la souveraineté populaire, le droit et Dieu, sont autant d'utopies, autant d'artifices logiques, qui ont rendu d'immenses services à la Géométrie, à l'Algèbre transcendante, à la Mécanique, à l'Hydrostatique, à l'Astronomie, à la Physique, à la Chimie, à la Biologie, à la Sociologie, à la Morale, et à la Religion. Dans ce sens, l'utopie de la Vierge-Mère, nous le répétons bien haut, est le résumé synthétique de la Religion de l'Humanité, dont elle combine tous les aspects. Cette utopie est, comme le trait d'union entre le passé et l'avenir, allant des grandes traditions chevaleresques au présent, sans jamais blesser les lois de la réalité scientifique. A coup sûr, cela n'est point de la folie !

Le substitut du procureur impérial —

M. d'Herbelot — vous l'a fort bien dit, quoique grandement influencé par votre interprétation de la Vierge-Mère. Voici ses paroles : « Sans doute, c'est là un rêve, un singulier écart de l'esprit, mais ce n'est pas nécessairement *une folie*, surtout dans le domaine purement spéculatif où l'auteur s'est confiné. »

Lorsque vous vous écriez encore... « Mais que dire quand, prenant ces vaines ombres pour des réalités... » Que dire ? Que c'est une ignominieuse calomnie. Le maître va vous le prouver : « Si le problème n'est jamais *résolu*, son efficacité, morale et mentale, sera toujours aussi complète que le fut, envers le progrès matériel, le rêve de la transmutation des métaux. Mais, en *supposant* la solution obtenue, l'imperfection de l'ordre humain conduira bientôt à lui *substituer* une autre recherche, non moins apte à concentrer notre perfectionnement[1]. » Vous avez donc oublié, M. Littré, que votre Maître avait déjà dit :

[1] Comte, *Politique positive*, t. IV, p. 279.

« On doit cependant reconnaître que l'institution sociocratique de la femme *n'exige point* ce perfectionnement *hypothétique*[1]. » Où sont, là encore, « les vaines ombres de réalités » que vos yeux voilés par vos écailles ont découvertes ?

III. — L'IMITATION DE JÉSUS-CHRIST.

La postérité dira à M. Emile Littré :

Vous avez affirmé qu'Auguste Comte « joignant à la concentration philosophique la concentration mystique, devint lecteur assidu de l'*Imitation* et mit en usage les pratiques des mystiques pour obtenir certains états cérébraux... En tout cas, devenir mystique, c'est renoncer à être chef de la pensée ou guide de l'action[2]. »

C'est faux, M. Littré. Auguste Comte ne lisait pas l'*Imitation de Jésus-Christ* pour mettre en usage les pratiques des mystiques, ni pour rendre son cerveau fiévreux jusqu'au

---

[1] Comte, *Politique positive*, t. IV, p. 69.
[2] Littré, *Auguste Comte et la Philosophie positive*, p. 588.

délire. Jamais, au grand jamais, Comte ne s'est livré à la moindre pratique mystique dans le sens que comporte ce mot. Est-ce qu'un cerveau de cette puissance avait besoin de surexciter son entendement pour enfanter la plus élémentaire des idées, qui offusquent de pauvres cervelles ?

C'est encore faux, car en 1844, quand pour vous Auguste Comte n'était pas fou, il qualifiait déjà l'*Imitation* de « type si éminent[1]. »

C'est toujours faux, car en 1853, alors que pour vous Comte était fou, il s'écriait : « La postérité ne cessera jamais d'admirer l'ébauche, grossière mais sublime, du tableau systématique de la nature humaine (l'*Imitation*), qu'une vaine érudition ose maintenant contester à son humble auteur (Thomas a Kempis), afin d'en doter l'esprit métaphysique (Ben Gerson), qui s'y trouve justement flétri. Il suffit d'y remplacer Dieu par l'Humanité

---

[1] Comte, *Philosophie positive*, 1842, t. VI, p. 187. M. Littré, plus positiviste que son maître, considère cette œuvre comme « un livre célèbre par son mysticisme naïf et pénétrant. » Littré, *Études sur les barbares*, etc. Paris, 1869, p. 408.

pour y reconnaître le pressentiment spontané de notre existence normale, à travers une synthèse nécessairement imparfaite, toujours supérieure pourtant à la dispersion révolutionnaire. Quand cette substitution devient impossible, on peut aisément vérifier que cela tient seulement au caractère égoïste de la systématisation provisoire [1]. »

Voilà un homme qui traite l'*Imitation de Jésus-Christ*, d'ébauche grossière mais sublime de la nature humaine; qui chasse Dieu de son sanctuaire pour y placer l'Humanité; qui n'y voit que le pressentiment spontané de notre existence normale, à travers une synthèse imparfaite; qui vous dit que là où l'Humanité ne peut remplacer Dieu, cela tient au caractère égoïste de la systématisation provisoire; et cet homme, qui s'exprime en athée — suivant le terme consacré — vous avez le triste courage de l'accuser de mysticisme! de l'accuser de « mettre en usage les pratiques des mystiques! » Encore

---

[1] Comte, *Politique positive*, t. III, p. 543.

une fois « votre devoir, envers la Philosophie positive » vous imposait le devoir sacré de dire qu'Auguste Comte lisait le poème de l'Imitation de Jésus-Christ, comme il lisait journellement le poème du Dante; qu'il les lisait en vrai philosophe et en vrai moraliste, en cherchant le perfectionnement humain; qu'il les lisait en vrai poète, pour charmer son esprit, pour en tirer de nouveaux fruits intellectuels et moraux. Allons, soyez franc, M. Littré, dites qu'il rentrait dans vos vues de laisser croire « que Comte devenu mystique, par cela même devint lecteur de l'*Imitation* sur la fin de sa vie; » lecteur de « ce livre célèbre par son mysticisme naïf. » Et des centaines d'échos répéteront ce dire aux quatre coins de la terre. A cela, vous ajouterez que le mysticisme de Comte prétend « s'appuyer sur la conception positive du monde. » Assez, assez! Le mysticisme Comtiste est une *mystification* Littréiste.

Ne voyons-nous pas Auguste Comte rendre le même hommage au *Traité de l'amour de Dieu*, de saint Bernard. M. Pierre Jannet l'a parfaitement compris dans son « Avertissement » mis en tête de sa charmante édition de 1867 [1], où il dit :

« L'opinion de Bossuet, que je suis heureux néanmoins de pouvoir rappeler, n'a pas été la cause déterminante de l'édition actuelle. Mon attention a été attirée sur cet ouvrage par Auguste Comte, qui l'a compris dans le catalogue de la Bibliothèque positiviste.

« L'admission dans cette bibliothèque, extrêmement restreinte, du *Traité de l'amour de Dieu* s'explique facilement : ce n'est pas seulement l'importance historique de l'ouvrage qui a frappé Auguste Comte : c'est surtout la hauteur d'inspiration avec laquelle saint Bernard traite son sujet, la force des raisonnements à l'aide desquels il établit que l'homme doit aimer Dieu, non pour les biens qu'il en reçoit, non pour la crainte des châtiments, mais pour Dieu lui-même,

---

[1] Ce chef-d'œuvre de typographie fait partie de la collection de l'Académie des bibliophiles. L'édition a été tirée à 313 exemplaires numérotés, dont un sur vélin pour la bibliothèque d'Auguste Comte.

et uniquement pour Dieu. Or c'est ce renoncement à soi-même, cet amour actif et désintéressé, ou, en d'autres termes, la prépondérance de *l'altruisme* sur l'égoïsme, qui constitue le but final de la religion positive; et cette religion, qui rend un juste hommage à celles qui l'ont précédée, qui applaudit au bien partout où elle le trouve, devait un éclatant témoignage de vénération à saint Bernard, qu'elle regarde comme un de ses plus utiles précurseurs. »

Ainsi être un admirateur de *l'Imitation de Jésus-Christ* et du *Traité de l'amour de Dieu*, n'est ni être un fou, ni être un mystique.

IV. — LE TRIUMVIRAT RELIGIEUX.

La postérité dira à M. Émile Littré :
Vous avez affirmé que dans ce Triumvirat religieux, la terre ou grand fétiche, l'espace ou grand milieu, l'humanité ou grand être; dans cette trinité positive, « à ce besoin de trouver, coûte que coûte, le nombre trois et une trinité, on peut soupçonner des in-

fluences de son enfance catholique (d'Auguste Comte); car on sait que ces influences, tout endormies qu'elles paraissent, se réveillent parfois, non sans force, au déclin de la vie. Quoi qu'il en soit, le grand fétiche, le grand milieu et le grand être devenant l'objet d'un culte, on ne peut donner que le nom de théologie à un pareil ensemble qui nous présente les êtres à adorer et l'adoration à leur rendre [1]. »

Malheureux ! ce *Grand Être* est l'Humanité que nous adorons aujourd'hui ! Ce *Grand Milieu* est le siège des lois abstraites, des formes et des mouvements des corps inorganiques et organiques. Ce *Grand Fétiche* est notre siège, notre Terre active et bienveillante, et comme la Patrie, elle est l'objet sacré de notre affection. Et vous appelez cela de la folie ? Insensé [2] !

[1] Littré, *Auguste Comte et la Philosophie positive*, p. 576.
[2] Me Allou, dans sa plaidoirie vous a très bien dit : « Mais, M. Littré lui-même n'a pas toujours répudié les pratiques *cultuelles*! Mais il a été le premier parrain dans l'administration du sacrement de la naissance! Mais il avait accepté en 1848 de figurer dans le triumvirat! »
Et quand M. Littré acceptait tout cela, il n'était pas certes

V. — LA CAUSE PSYCHOLOGIQUE.

Puis, cherchant une cause malicieuse et perverse à « la cause qui a poussé Comte dans la méthode subjective », vous avez trouvé que cette cause est « psychologique. » C'est-à-dire qu'une folie s'empara de Comte à partir de 1845. « Jusque-là, vous dites, cette crise est indéterminée. Mais l'effort de pensée qui le travaillait, approchant de sa fin, se rencontra avec l'amour passionné que lui inspira Mme Devaux [1]. Dès lors, la crise prit un caractère déterminé, et elle imprima le sceau du sentiment sur la conception qu'il élaborait. Ainsi, dans cette méditation profonde qui dominait son esprit, et dans cette tendresse passionnée qui captivait son cœur, les obstacles qui l'avaient arrêté jusque-là

---

un bébé ; il avait presque atteint la *cinquantaine* ! Aujourd'hui dans sa soixante-dix-neuvième année, il n'est pas plus avancé : point de suite dans les idées, point de fixité dans les principes.

[1] Pourquoi M. Littré veut-il supprimer le *de* à Mme Clotilde de Vaux ? C'est un *erratum* qui se reproduit assez souvent.

disparurent, les écailles lui tombèrent des yeux, et il aperçut la méthode subjective comme un guide lumineux qui l'introduisait dans le plus lointain avenir d'une humanité tout entière livrée à l'amour. Dès lors, son œuvre fut tracée d'un bout à l'autre; et il ne s'agit plus que de déduire et de combiner; or, quelle plus forte tête y eut-il pour enchaîner et suivre les combinaisons[1]? »

Il y a du poison jusque dans votre encens, M. Littré ! Cette *forte tête* qui n'eut pas sa pareille, n'est qu'un moyen jésuitique pour faire ressortir ce qu'Auguste Comte était capable de déduire, de combiner, d'enchaîner, lorsque les « *écailles lui tombèrent des yeux.* »

Et lorsque vous poursuivez : « La crise se rencontra, comme on l'a vu, avec un vif amour pour une dame, Mme Clotilde de Vaux, dont il a inscrit le nom dans les livres de sa seconde vie; » cette expression « *une dame* » est un digne pendant à vos « écailles. »

[1] Littré, *Auguste Comte et la Philosophie positive*, p. 580-589.

Tout feu d'artifice demande un bouquet et voici le vôtre : « L'influence en fut mystique, surtout quand la mort, qui tarda peu, en eut consacré le souvenir ; et le mysticisme fut une aggravation de la méthode subjective. »

Voilà où vous vouliez en venir. Voilà « la cause psychologique » qui a poussé Auguste Comte dans la méthode subjective, lorsque « Mme Clotilde de Vaux lui imprima le sceau du sentiment, et lui fit tomber les écailles des yeux ! »

Ici le jugement de la postérité est un fier mépris !

Nous en avons dit assez[1]. Il nous suffit d'avoir dévoilé le disciple infidèle et son œuvre en réduisant au néant des accusations qui ont tant contribué à jeter sur Auguste Comte et sur ses plus profondes conceptions, un ridicule inouï et cruel. Et l'on sait ce que peut le ridicule, manié par une main aussi habile que celle de M. Littré.

---

[1] Nous fournirons des raisons convaincantes dans le cours de notre réfutation.

VI. — LE JUGEMENT.

Les siècles et les générations s'écouleront, et, avec eux, Auguste Comte aura grandi. Il se sera élevé au pinacle du savoir humain, grâce à une sage harmonie entre le monde et l'homme, entre l'objectif et le subjectif. En nous réglant et en nous ralliant sous son glorieux drapeau, il nous aura procuré cette jouissance, cette satisfaction du cœur et de l'esprit que nos précurseurs, hélas! devaient méconnaître. Et dans cette formule *agir par affection, et penser pour agir*, il nous aura révélé le vrai sentiment religieux et humain, en nous révélant que l'homme est à lui-même son propre Dieu : *Homo, homini Deus*.

La postérité dira alors à M. Émile Littré : Vous étiez de l'Académie française, du Sénat, auteur du Dictionnaire de la langue; vos contemporains vous égalaient à Pic de la Mirandole; vous aviez pleine conscience de la valeur de votre personnalité, car, fier de

vous-même, dans votre vieillesse, dans vos
« années de grâce, » vous vous êtes écrié :
« Le résultat montre qu'en moi se trouvaient
des éléments capables de se faire jour et
d'attirer l'attention... je n'en suis pas moins
arrivé en toute chose, même au Sénat [1]. »

Eh bien, M. Émile Littré, puisque vous
étiez tout cela, vous êtes profondément responsable devant l'avenir du mauvais usage
que vous avez fait de la Philosophie positive
que le maître vous a laissée en héritage.
Vous êtes responsable de la lenteur qu'elle
a mise à se faire jour ; responsable du chaos
dans lequel vous l'avez plongée ; responsable
de ses détracteurs [2].

[1] Littré, *Conservation, Révolution et Positivisme*. Paris, 1879, 2e édit., p. 491.
[2] M. Littré a parfaitement conscience du dénigrement exercé par les détracteurs d'Auguste Comte, car, s'il sait fort bien dire : « qu'il importe que le grand public sache que l'œuvre de M. Comte comprend deux phases, la première et la dernière, et que c'est surtout à la dernière, rejetée catégoriquement par une partie de ses disciples, qu'on emprunte les attaques les plus réussies contre lui. » *Revue de Philosophie positive*, 1870, t. VI, p. 321-322. Oui ! Mais ces « attaques les plus réussies » qui les a fait naître ? N'est-ce pas M. Littré qui a inventé ces « deux phases de l'œuvre du maître ? » Cette partie de ses disciples » qui

La postérité dira enfin : Maintenant une grave question se soulève : « M. Émile Littré était-il de bonne foi ? S'il l'était, comment ses contemporains ne lui ont-ils pas appliqué le mot de Bismarck à l'adresse de Napoléon III : « *Une grande incapacité méconnue !* »

Voilà ce que dira la Postérité, et voici ce que nous disons :

Sa grande incapacité méconnue est manifeste dans le domaine de la Philosophie positive ; mais, en outre, M. Littré n'est ni un esprit philosophique, ni un esprit synthétique. C'est un esprit analytique, dépourvu de doctrine et de méthode. L'analyse sans synthèse est le plein dans le vide. Il lui est très difficile de s'élancer dans l'avenir et de formuler une

est-ce sinon l'Ecole dont il est l'âme et qu'il anime de son souffle anti-comtiste ? Et quand il dit que la scission « précéda la mort de M. Comte, sans éclater dès lors par des écrits qui l'auraient troublé ; et, certes, on ne voulait pas le troubler, » n'est-ce pas lui encore qui a provoqué cette scission et ces troubles après la mort de Comte ? Dans le ciel serein n'a-t-il pas fait entendre son coup de tonnerre ? Et s'il n'a pas osé, Comte vivant, lancer ses calomnies, ce n'était point par un sentiment de bienveillance — qu'il n'éprouvait pas, — c'était parce que le maître était là pour l'anéantir !

prévision qui s'écarte du terre à terre sur lequel il vit. Le Positivisme est venu à point lui donner une formule qu'il n'a pas comprise, mais dans laquelle il se parque, et d'où il apparaît tel qu'un colosse de science profonde. Quand les questions l'embarrassent, il les met sur le compte ou de la *folie* du maître, ou de *l'incognoscible*; et étant pressé de s'expliquer : sa philosophie *ne nie ni n'affirme*. De la sorte, ses travaux n'ont ni originalité, ni profondeur. Ce sont des compilations, des traductions, des préfaces, des développements dont le principal mérite consiste, comme aurait dit Molière, « à savoir ce qu'ont dit les autres avant lui. » Son Dictionnaire — son chef-d'œuvre — laisse beaucoup à désirer au point de vue des définitions, et, du train dont vont les langues, il sera à refaire sous peu. L'école réaliste, en littérature, lui portera le premier coup sous la direction de l'école positiviste, en ce qui touche les doctrines et les méthodes. Dès à présent, bon nombre de définitions pèchent par leur caractère romantique et métaphysique, et n'ont aucune signification dans l'Ecole réaliste et positive. La plupart des définitions tirées de la Philosophie positive sont inexactes, parce que M. Littré se refuse à entrer dans l'esprit de la doctrine du maître. En un mot, le Dictionnaire de la langue française de M. Littré est à refaire au point de vue de la *Réalité*, en tout et pour tout. Telle est notre humble opinion.

DEUXIÈME PARTIE

CHAPITRE PREMIER

AUGUSTE COMTE A-T-IL CHANGÉ DE MÉTHODE ?

« L'exclusion scientifique de la méthode subjective ne pouvait être que provisoire ; car la fondation de la sociologie devait établir l'accord final des deux logiques, en régénérant la subjectivité et l'objectivité[1]. »

A. COMTE.

Nous allons ouvrir notre critique par la question capitale de la *Méthode*. C'est par elle que M. Littré débute dans sa réfutation d'Auguste Comte[2]. C'est sur elle qu'il fait

---

[1] Cette pensée de Comte a été formulée d'après les données exposées dans notre critique.

[2] Préambule, p. 517-526 ; De la méthode subjective suivie par M. Comte dans son traité de *Politique positive*, p. 527-537. — Littré, *Auguste Comte et la Philosophie positive*. Paris, 1863, in-8° Hachette.

peser les inconséquences dont il s'est plu à rendre le maître responsable dans les dernières années de sa vie. M. Littré reproche à Auguste Comte d'avoir changé de méthode dans la seconde partie de son œuvre, et dans tout ce qu'il a écrit depuis 1845. Il répudie ce que le maître a fondé sur sa méthode subjective, qu'il qualifie de métaphysique et de fiction, l'accusant en dernier lieu de prendre la méthode déductive pour la méthode subjective. Nous allons voir ce qu'il y a de vrai dans les accusations du disciple.

M. Littré commence par nous dire qu'à la suite de *deux lectures* qu'il fit de « la Politique positive » de Comte : « et maintenant une mûre méditation m'a persuadé que mon assentiment provisoire devait être retiré, et qu'il y avait faute contre la méthode. » Puis il rapporte un « *bon* passage » de Comte tiré de « sa Philosophie positive, » se terminant ainsi : « En tous genres, et surtout en ce cas, la méthode est encore plus importante que la doctrine elle-même. » Mais, comme d'habitude, M. Littré altère le sens de ce *bon* passage, et se garde bien de lui donner la signification que Comte y attache.

D'après cette fausse interprétation, M. Littré s'efforce ensuite de nous faire sentir comment Comte ayant créé l'instrument puissant de la méthode positive, il ne pouvait plus la récuser. « La méthode positive, s'écrie-t-il, est un juge impersonnel destiné à prononcer sur tout ce qui s'est fait par le maître, sur tout ce qui se fera par les disciples. » M. Littré interroge « ce *juge impersonnel* » dans les pages de la Politique positive.

C'est ici que M. Littré apparaît comme ayant fait une formidable découverte chez Comte! « A peine l'a-t-on ouvert, dit-il, qu'il se montre tout entier régi par la méthode subjective (j'expliquerai tout à l'heure ce qu'est la méthode subjective). Les expressions de M. Comte sont aussi explicites qu'il est possible. »

Voici le passage de Comte rapporté par M. Littré : « Il faut revenir, dit-il, sur l'exclusion provisoire de la méthode subjective par l'élaboration scientifique. Car, cette marche possède, en elle-même, d'immuables propriétés, qui peuvent seules compenser les inconvénients du mode objectif. Notre constitution logique ne saurait être complète et durable que d'après une intime combinaison des deux méthodes. Le passé ne nous autorise nullement à les regarder comme radicalement inconciliables, pourvu que toutes deux soient systématiquement régénérées, suivant leur commune destination, à la fois mentale et sociale. Il serait tout aussi empirique d'attribuer à la théologie un privilège exclusif envers la méthode subjective que d'y voir la seule source de l'aptitude vraiment religieuse. Si désormais la sociologie s'est pleinement emparée de ce dernier attribut, elle peut également s'approprier l'autre, d'après leur intime connexité. Pour cela, il suffit que la méthode subjective, renonçant à la vaine recherche des causes, tende directement, comme la méthode objective, vers la seule découverte des lois, afin d'améliorer notre condition et notre nature. En un mot, il faut qu'elle devienne sociologique, au lieu de rester théologique. Or, cette transformation finale, auparavant impossible, résulte spontanément de la récente extension des théories positives à l'évolution fondamentale de l'humanité. (*Politique positive*, t. I, p. 445.) »

« Ainsi, ajoute M. Littré, il est bien établi par les propres paroles de M. Comte que, tandis que la méthode objective a présidé à l'élaboration de son premier grand ouvrage, le *Système de philosophie*, c'est la méthode subjective qui préside à l'élaboration de son second grand ouvrage, la *Politique positive.* »

M. Littré cherche les raisons et il n'en trouve *qu'une seule!* « Maintenant, si l'on cherche pour quelle raison il a substitué une méthode à l'autre, on n'en trouve qu'une seule que voici dans les propres termes de M. Comte : « La fondation de la sociologie permet à la méthode subjective d'acquérir enfin la positivité qui lui manquait, en nous plaçant irrévocablement au point de vue pleinement universel. (*Politique positive*, t. I, p. 446.) — Cette raison se retrouve en divers autres endroits explicitement ou implicitement. »

Ces « propres termes, et cette raison de M. Comte, » est encore une petite malice de M. Littré afin de pouvoir donner pour unique raison une simple *affirmation* du maître. Nous ferons connaître les vraies raisons de Comte.

Tels sont les deux uniques paragraphes, tronqués, et choisis *ad hoc*, sur lesquels s'est appuyé M. Littré pour lancer dans le domaine public, la stupéfiante découverte qu'Auguste Comte avait abandonné la méthode objective pour la méthode subjective; et dès lors, tout ce que le grand philosophe a produit depuis 1845 est, ou du *mysticisme* ou de la *folie*, la conclusion nette de M. Littré étant que la méthode et la logique subjectives émanent de l'imagination, et que tout cela n'est que de la métaphysique et de la fiction.

L'école des fidèles élèves de Comte a répondu à la soi-disant découverte de M. Littré par une négation formelle. Le maître n'a nullement changé sa méthode, parce que le *subjectif* de Comte n'a aucun rapport avec le subjectif de la métaphysique, etc.

Là n'est donc pas la question. Dès l'instant que M. Littré accusait Comte d'avoir changé de méthode, en apportant à l'appui des preuves en apparence irréfutables, tirées des affirmations du maître lui-même ; et dès le moment qu'on s'inscrivait en faux contre cette assertion de M. Littré, en insistant uniquement sur la réelle signification du mot *subjectif*, le débat s'ouvrait entre les champions des deux opinions contradictoires. Car, quelque soit le sens que l'on attache aux méthodes objective et subjective, il est évident que Comte place sa « Philosophie » sous l'empire de l'*objectivité* et de l'*intelligence*, et sa « Politique » sous l'empire de la *subjectivité* et du *cœur*. Envisagée sous ce point de vue, la défense du docteur Bridges, « De l'unité de la vie et de la doctrine d'Auguste Comte, » est une plaidoirie avortée, ainsi que sa réponse à Huxley. Là n'est pas l'unité incontestable de la vie et de la doctrine d'Auguste Comte. Elle est dans sa systématisation des deux moteurs — objectifs et subjectifs — dans le but d'instituer la *raison réelle et pratique*, attendu que l'objectivité absolue conduit à l'idiotisme et la subjectivité absolue à la folie. Cette pensée profonde éclate chez Comte dès le début de sa carrière philosophique, et c'est ce germe qu'il développe pas à pas.

Il fallait répondre catégoriquement à M. Littré : « Oui, Auguste Comte a changé de méthode et c'est lui-même qui a grand soin de vous le dire *dès la première page de sa Politique positive*. Il a changé de méthode non pas par les raisons ridicules que vous lui prêtez, mais par des raisons profondes qu'il prend la peine de vous expliquer en vain. » Il a changé de méthode si vous le voulez, mais rien qu'en *apparence*, afin de pouvoir les concilier toutes deux.

Loin de nier ce changement de méthode, il fallait le proclamer bien haut, car c'est ce qui fait la grandeur de la conception de Comte. Sans cette modification capitale — qui ne touche nullement à l'unité de sa vie — sa première élaboration n'offrait aucun résultat ni logique, ni scientifique, ni pratique. Comte — tel qu'est aujourd'hui M. Littré — serait resté plongé dans une négation perturbatrice à défaut d'unité mentale ; comme M. Littré, il se serait égaré dans une méthode objective incapable de lier le monde et l'homme, et de les relier tous deux à l'Humanité. Voilà ce qu'il fallait dire et démontrer.

Maintenant, on conçoit difficilement comment M. Littré n'aurait pas eu connaissance des nombreux passages dans lesquels, dès la première page de son ouvrage, Comte nous annonce cet accord de méthodes, avec une franchise digne d'exemple. Le dernier passage de Comte,[1] rapporté par M. Littré, précède seulement de cinq lignes le paragraphe dans lequel le philosophe pose sa propre évolution, d'après laquelle sa méthode objective devait dominer sa Philosophie positive, tandis que la méthode subjective devait présider à sa Politique positive. M. Littré em-

---

[1] Comte, *Politique positive*, t. I, p. 447 ; Littré, *Auguste Comte et la Philosophie positive*, p. 535-536.

prunte même à Comte son verbe *présider*. Est-il possible que M. Littré n'ait pas vu tout cela et bien autre chose dans la lecture du manuscrit que lui fit Comte, dans les *deux lectures* qu'il fit lui-même de l'ouvrage imprimé et dans sa « *mûre méditation* ? » Faut-il accuser M. Littré d'avoir voulu se payer le mérite facile d'une découverte à sensation ? Il était sûr qu'en affirmant que Comte avait changé de méthode, ses admirateurs et le grand nombre de ceux qui étudient Comte dans Littré et qui n'y comprennent rien, ne viendraient point le contredire ni vérifier ses assertions. Tel fut précisément notre cas tant que nous fûmes disciple, par malheur, de M. Littré. D'autre part, M. Littré pouvait-il avouer le franc aveu de Comte tout en cachant ses raisons[1] ? Faisant alors semblant de découvrir en Comte un changement inopiné de méthode, que le philosophe aurait

---

[1] Cette phrase équivoque de M. Littré : » A peine l'a-t-on ouvert qu'il se montre tout entier régi par la méthode subjective, » et le choix non moins équivoque du passage de Comte sont assez significatifs. Cela rentre dans les habitudes du fidèle disciple.

presque dissimulé, il était plus facile de choisir quelque « *bon* » passage se prêtant à cette confirmation, d'en tirer des déductions de fantaisie, « et de là, comme d'une forteresse » faire œuvre de démolition de gaîté de cœur, tout en protestant : « aussi ma gratitude est sincère et durable. »

Nous nous contentons de conjecturer ici et de constater avec tristesse et sans prévention. Malheureusement pour M. Littré, l'aveu de Comte est explicite dans les huit passages tirés du premier volume de sa *Politique positive*. Nous soulignons à dessein les expressions se rapportant aux modifications introduites par Comte :

1° Comte débute dès la première page de la préface de son *Système de Politique positive* par la remarque suivante : « Le principal titre de ce traité coïncide avec le titre général que je choisis, en 1824, pour la seconde édition de l'opuscule fondamental qui, sous un titre spécial, avait, deux ans auparavant, caractérisé irrévocablement mon début philosophique. Cette conformité spontanée indique la pleine homogénéité d'une longue carrière systématique où, dès l'ouverture, le but était nettement signalé... Mais, d'un autre côté, un tel intervalle entre la conception et la construction de ma philosophie politique, montre aussi *que je n'eus pas d'abord un sentiment assez précis des conditions intellectuelles qu'exigeait cette grande rénovation.* Je crois donc devoir ici compléter, envers cette marche générale, l'*insuffisante explication* ébauchée dans la préface du tome sixième et dernier de mon *Système de philosophie positive*, p. 1. »

2° « Malgré leur intime connexité, *ces deux grands traités doivent donc différer essentiellement. L'esprit prévalut dans l'un,* pour mieux caractériser la *supériorité intellectuelle* du positivisme sur un théologisme quelconque. Ici le *cœur domine*, afin de manifester assez la prééminence morale de la vraie religion, p. 3-4. »

3° « La diversité normale de ces deux élaborations successives *y affecte même le mode d'exposition.* Pour tirer d'une science dispersive les bases élémentaires de la saine philosophie, mon ouvrage fondamental dut offrir surtout un caractère de recherche et de discussion. En systématisant ici la religion universelle d'après des principes déjà construits, mon exposition dogmatique se rapproche davantage *du vrai régime rationnel*, où la conviction résulte beaucoup plus d'une réflexion solitaire que d'aucune controverse. Au vif attrait qu'inspira d'abord une féconde originalité, succède maintenant l'imposante régularité d'une construction bien définie et assez préparée, p. 4. »

4° Toutes ces différences de forme se rattachent à la *profonde diversité logique qui constitue le principal constraste intellectuel entre mes deux traités*, conformément à leur nature et à leur destination respectives. Dans le premier, où il fallait prolonger l'initiation scientifique jusqu'à son dernier terme normal, j'ai dû scrupuleusement persister *à préférer la méthode objective*, qui convient seule à cet immense préambule, s'élevant toujours du monde à l'homme. Mais le succès même de cette marche préliminaire, qui m'a finalement conduit au vrai point de vue universel, doit faire ici *prévaloir la méthode subjective, source exclusive de toute systématisation complète,* où l'on descend constamment de l'homme au monde. Ainsi régénérée par le positivisme, la logique supérieure qui guida nos constructions initiales convient encore davantage à nos synthèses finales. Sa prépondérance normale correspond naturellement *à l'ascendant nécessaire du cœur sur l'esprit,* p. 4-5. »

5° « Quand ma grande élaboration *objective* me conduisit, *en 1836,* de la cosmologie à la biologie, *je sentis aussitôt que l'exclusion scientifique de la méthode subjective ne pouvait être que provisoire, et mon premier chapitre biologique fit entrevoir déjà l'accord final des deux logiques.* En constituant la présidence systématique du point de vue social, mon ouvrage fondamental *prépara nécessairement leur concordance positive, directement établie dans le présent volume,* p. 5. »

6° Après avoir assez indiqué la nature et la marche de ce nouveau traité, sa subordination nécessaire envers le précédent, et même ses liaisons générales avec les ouvrages suivants, il faut ici caractériser surtout l'heureuse exception personnelle qui m'a successivement procuré *deux vies philosophiques aussi différentes*. Elle résulte essentiellement *de deux influences intellectuelles*, l'une involontaire, l'autre volontaire, complétées, en temps opportun, par l'incomparable *régénération morale* que je dois à ma sainte passion. » (M⁰ Clotilde de Vaux.) P. 6.

7° Ainsi pourvu du temps nécessaire à ma seconde carrière, il me manquait surtout *l'impulsion profonde et permanente* qui pouvait seule utiliser dignement cette *disponibilité cérébrale*. Fatigué de son immense *course objective*, mon esprit ne suffisait pas pour *régénérer subjectivement ma force systématique*, dont la principale destination était alors *redevenue, comme dans mon début, plus sociale qu'intellectuelle*. Cette indispensable *renaissance, qui devait émaner du cœur*, me fut procurée, il y a six ans, par l'ange incomparable (M⁰ Clotilde de Vaux) que l'ensemble des destinées humaines chargea de me transmettre dignement le résultat général du *perfectionnement graduel de notre nature morale.* » p. 7, 8.

Nous donnerons, dans cette critique, notre théorie sur l'influence *inconsciente* que Mme Clotilde de Vaux a dû exercer sur l'esprit *également inconscient* d'Auguste Comte; influence de même nature que celle de Béatrice sur Dante, de Léonore d'Este sur Tasse, de Laure sur Pétrarque et de tant d'autres influences féminines. Disons pour le moment que cette influence d'une immense portée ne fut en aucune manière « mystique, » pas plus que le mysticisme ne fut une aggravation de la méthode subjective, » comme il rentre dans les vues personnelles de M. Littré de le faire croire.

Il reste à citer un huitième passage de Comte, celui-là plus explicite que les précédents. Voici ce passage qui se trouve cinq lignes plus bas que celui qu'il convenait à M. Littré de signaler. Le disciple pouvait-il ne pas le voir?

8° « Je ne crains pas de citer ici *mon exemple personnel*, comme très propre à *éclaircir* cette difficile appréciation. L'ensemble de mes travaux philosophiques confirme distinctement *cette pleine conciliation finale entre la méthode objective et la méthode subjective*, qui auront ainsi dirigé tour à tour mes deux élaborations principales. Dans mon traité fondamental, la *première domine évidemment, au point de sembler tendre vers une prépondérance exclusive et irrévocable*. Mais cet ascendant était alors *conforme* à la nature d'une opération philosophique où la saine analyse posait peu à peu les diverses bases essentielles d'une vraie synthèse. Ce premier travail aboutit enfin à permettre *la régénération directe de la méthode subjective, par la fondation de la sociologie. Ainsi devenue aussi positive que l'autre, cette marche plus rationnelle préside maintenant à mon second grand ouvrage.* Je l'y ai déjà employée souvent, soit dans le discours préliminaire, soit même dans ce chapitre, pour systématiser davantage des conceptions dogmatiques qui d'abord *émanèrent de la méthode objective.* Cette explication directe de sa prépondérance normale me permettra désormais d'en mieux utiliser les hautes propriétés intellectuelles et morales. » p. 447-448.

Nous pouvons nous en tenir à ces huit passages en dehors de l'esprit général de la seconde œuvre de Comte. Ils démontrent chez Comte combien la méthode subjective préside à sa Politique positive, tandis que la méthode objective présidait à sa Philosophie positive, suivant notre affirmation. Sous ce rapport, M. Littré n'a qu'un semblant de raison, et voici pourquoi. Il n'y a aucun mérite à ce que M. Littré ait signalé le fait à des gens qui ne connaissent pas et qui ne veulent point connaître Comte par ses propres œuvres. Il n'y a aucun mérite, parce que si M. Littré a vu que Comte a changé de méthode, c'est parce que Comte l'avoue loyalement dans tout le cours de son ouvrage. Il n'y a aucun mérite, parce que M. Littré s'efforce de déguiser les vraies raisons de Comte, de peur d'amoindrir l'assaut qu'il lui réserve.

Il n'y a aucun mérite, parce que Comte n'a pas modifié sa méthode pour avoir confondu la méthode subjective avec la méthode déductive, ni encore moins parce qu'il serait devenu fou d'amour comme M. Littré ose l'affirmer. Il n'y a point de mérite enfin, parce que la méthode subjective de Comte n'a aucun rapport avec la méthode subjective métaphysique que M. Littré lui reproche, pas plus qu'avec la méthode déductive.

L'argumentation de M. Littré n'est donc ni loyale, ni sérieuse. Elle n'est pas loyale parce qu'on n'escamote pas de la sorte l'honneur du maître. Elle n'est pas sérieuse parce qu'elle prouve palpablement que M. Littré n'a pas mieux compris sa Philosophie positive, qu'il n'a compris sa Politique positive.

M. Littré aurait *dû* voir — lui qui a trois fois réédité la « Philosophie positive » — que son fameux argument du changement de méthode se trouve déjà en *germe* — comme l'observe Comte — dans le volume de Biologie, écrit du 1ᵉʳ janvier 1836 au 31 décembre 1837; que ce germe se développe de plus en plus, à mesure que Comte avance dans la construction de la sociologie, qu'il termine le 13 juillet 1842, avant sa folie amoureuse.

Par conséquent, comme l'invention de M. Littré sur la folie de Comte, ne date que de l'année 1845, il nous sera facile de nous entendre sur le terrain de sa Philosophie positive, que M. Littré a bien voulu épargner et prendre en héritage, en faisant des réserves, comme d'habitude, sur la loi des trois états, à laquelle il substitue une loi phénoménale des quatre âges, ne comprenant point que, par cette réserve et bien d'autres, il anéantit de ses propres mains son héritage.

CHAPITRE II.

M. LITTRÉ A MAL INTERPRÉTÉ LA MÉTHODE POSITIVE.

> « La méthode positive peut seule discipliner les intelligences rebelles aux hypothèses métaphysiques, ainsi qu'aux fictions théologiques. »
> A. COMTE.

Nous allons reprendre notre critique à partir du « *bon* passage » de Comte présenté par M. Littré à l'appui de « la faute qu'il voit contre la méthode » dans la Politique positive, dont il a été question dans le précédent chapitre. Nous transcrivons et la remarque du disciple et le passage incriminé du maître : « Ce n'est pas sans intention, dit M. Littré, que je prononce ici le nom de méthode et que je l'invoque. En effet, elle sera nécessairement l'arbitre souverain entre M. Comte et moi. Lui-même l'a prise par avance pour arbitre dans ce bon passage qu'on ne saurait trop méditer. « Quelque profonde conviction qui me lie à ma manière d'accomplir cette grande tâche philosophique (l'établissement de l'évolution sociologique de l'histoire), je tiens infiniment à séparer ce principe capital (la méthode), qui me paraît déjà suffisamment irrécusable, d'avec le mode effectif de réalisation que je vais tenter dans ce volume, afin que, lors même qu'une telle tentative serait finalement condamnée, la raison publique n'en tirât aucune induction défavorable contre une méthode seule susceptible d'opérer tôt ou tard le salut intellectuel de la société, et se bornât seulement à prescrire, à de plus heureux successeurs, des essais plus efficaces dans la même direction. *En tous genres, et surtout en ce cas, la méthode est encore plus importante que la doctrine elle-même. (Philosophie positive*, t. IV, p. 176.) »

M. Littré souligne le dernier passage pour lui donner plus de force. Fort bien : puisque M. Littré veut que la « *méthode* soit *l'arbitre souverain* » entre Comte et lui, nous ne demandons pas mieux et nous allons la prendre pour arbitre entre M. Littré, Comte et nous-même. Commençons par *nier catégoriquement* que Comte « *a pris la méthode par avance pour arbitre,* » dans le « *bon* passage » que M. Littré est allé dénicher et qu'on ne saurait « *trop méditer,* » pas plus que ceux que nous allons signaler. Cet arbitrage de la méthode est une nouvelle invention de M. Littré, qui lui sert à frapper dur sur ce pauvre Comte. Nous allons le prouver, mais pour le moment revenons au passage de Comte :

Comte a dit, il est vrai : « En tous genres, et surtout en ce cas, la méthode est encore *plus importante* que la doctrine elle-même[1] » Nous soulignons à notre tour.

Mais Comte a dit aussi : « *Isolément d'aucune application effective, les plus justes notions sur la méthode se réduisent toujours nécessairement à quelques généralités* incontestables mais *très-vagues, profondément insuffisantes*

---

[1] Comte, *Philosophie positive*, t. IV, p. 177.

pour diriger avec un vrai succès les diverses recherches de notre intelligence, parce qu'elles ne caractérisent point les modifications fondamentales que ces préceptes trop uniformes doivent éprouver à l'égard de chaque sujet considéré[1]. »

Lequel des deux passages a raison ? Dans le premier, la méthode est *plus importante* que la doctrine. Dans le second, la méthode se réduit à quelques généralités vagues, profondément insuffisantes pour diriger notre intelligence ! L'arbitre souverain n'est donc plus dans la méthode d'après l'aveu de Comte.

Si nous usions de la tactique raffinée de M. Littré, qui consiste à mettre Comte en contradiction avec Comte, il nous suffirait d'invoquer ces deux passages. Mais il n'est point nécessaire d'avoir recours à de pareils subterfuges, car ici encore c'est M. Littré qui a tort et Comte qui a raison. M. Littré s'efforce par tous les moyens imaginables —

---

[1] Comte, *Philosophie positive*, t. IV, p. 287.

bons ou mauvais — de persuader son monde que Comte s'est égaré dans sa méthode subjective. Pour cela, il faut faire croire, comme de juste, que la méthode d'après Comte lui-même est *souveraine.* Or, il a la bonne fortune de trouver un « *bon* passage » dans lequel Comte déclare que la méthode est plus importante que la doctrine. La victoire est à M. Littré : la méthode *objective* ayant conduit Comte à la gigantesque création de la Philosophie positive — que M. Littré daigne prendre en héritage — méthode et doctrine sont l'œuvre du génie. *Vice versâ*, la méthode *subjective* ayant conduit Comte à son incroyable Politique positive, que M. Littré met au pilori — méthode et doctrine sont l'œuvre d'un fou. La conclusion est très logique : si la méthode est mauvaise, la doctrine est pire, car, ... s'écrie M. Littré, les *méthodes priment tout!*

Répétons-le : en tout cela, il n'y a qu'un semblant de raisonnement, un aveuglement produit par la mauvaise foi. S'il n'y a pas cela, il y a une profonde ignorance de la

Philosophie positive et de la Politique positive d'Auguste Comte.

Prenons, pour exemple, le « *bon* passage » de Comte où il dit : « que la méthode est encore plus importante que la doctrine elle-même ; » passage que M. Littré souligne avec bonheur. Demandez à M. Littré quelle est cette méthode ? A coup sûr il vous répondra : « Parbleu, la méthode en elle-même ; la méthode *objective* qui préside à sa Philosophie positive, c'est Comte qui l'affirme. » Très bien. Demandez ensuite à Comte de quelle méthode il veut parler ? Comte vous répond que c'est simplement de la méthode ..... *positive !* Comment ? Oui, la méthode *positive*, qu'il compare à la méthode *théologique* et à la méthode *métaphysique* quant à leur application à la sociologie. Tout son développement depuis la première page du quatrième volume sur « La partie dogmatique de la philosophie sociale, » et particulièrement la quarante-huitième leçon : « Caractères fondamentaux de la méthode *positive* dans l'étude rationnelle des phénomènes sociaux, » ne laissent aucun doute à cet égard. Voilà le point de vue de M. Littré diablement renversé !

Si l'on prend maintenant le paragraphe de Comte — qui précède immédiatement son « *bon* passage, » que cite M. Littré ; — dès le début, on voit qu'il est réellement question de la méthode positive appliquée à la sociologie. Qu'on en juge : « Ou plutôt, serait-il possible que, dans son inévitable développement continu, la *méthode positive* ne finît point par s'étendre aussi, de toute nécessité, à ce dernier complément naturel de son domaine fondamental [1], » c'est-à-dire la sociologie.

Comment se fait-il que M. Littré n'ait pas vu ce passage encore *meilleur* — pour nous — qui précède de huit lignes seulement, et sur la même page, « le bon passage » cité par le disciple ? Comme l'on voit, la *méthode positive* s'y trouve exposée en toutes lettres et l'idée positive aussi. Comte veut faire sentir la

---

[1] Comte, *Philosophie positive*, t. IV, p. 176.

nécessité de « placer à jamais l'esprit du lecteur au point de vue général qui caractérise son traité. » Il développe ensuite cette thèse, que : si la méthode positive, c'est-à-dire la philosophie positive a pu systématiser l'ensemble des connaissances humaines jusqu'à la Biologie — comme le démontre son élaboration — il n'y a aucune raison pour que cette même méthode en philosophie positive puisse également s'appliquer à la systématisation positive de la sociologie. A la page 185 on lit le passage suivant : « A l'égard des idées politiques, l'expérience a désormais suffisamment prouvé que la *méthode positive* peut seule aujourd'hui discipliner des intelligences devenues de plus en plus rebelles à l'autorité des hypothèses métaphysiques aussi bien qu'à l'emploi des fictions théologiques. »

Est-ce bien clair, maintenant ? Et lorsque Comte dit : « *En tous genres, et surtout en ce cas*, la méthode est encore plus importante que la doctrine elle-même, » il s'agit parfaitement de la méthode philosophiquepositive, en opposition à la méthode philosophique-théologique et à la méthode philosophique-métaphysique. Voilà ce que c'est que de prendre de « *bons* passages » *isolément*, « et de là comme d'une forteresse » s'imaginer qu'on démolit Comte quand on croule soi-même.

Ce qui paraîtra fort étrange — non pas à nous, habitué à ces inconséquences — c'est que M. Littré fait ressortir les avantages de la *méthode positive* de Comte. Ce qui tendrait à prouver tout au moins que M. Littré lit et discute Comte sans le comprendre. « M. Comte, dit-il, en fondant la philosophie positive, en étendant la méthode positive à l'ensemble de la connaissance humaine, a mis, dans le domaine public, un instrument puissant dont il est le créateur sans doute, mais qui ne lui appartient plus exclusivement. Cette méthode le domine aussi bien que tout autre, et lui-même, à son tour, il en est, comme un de nous, le disciple. Nous ne la récusons pas, nous qui l'avons reçue et acceptée, il ne peut pas la récuser, lui dont elle est la grande découverte. Quand Newton et Leibnitz eurent institué le calcul différentiel, ils devinrent aussitôt sujets de ce calcul, et ils n'eurent plus au-dessus de ceux qui l'avaient appris que la gloire de l'invention; tout le reste fut dès lors dévolu à la discussion et au développement. De même ici la méthode positive est un juge impersonnel destiné à prononcer sur tout ce qui s'est fait par le maître, sur tout ce qui se fera par les disciples. »

D'après ce passage, on serait enclin, au premier abord, à prendre cette méthode positive dans le sens que Comte l'a prise et que nous la prenons; mais il n'en est rien, car Comte n'a rendu la méthode, en tant que méthode, pas plus *immutable* qu'*irrécusable*. Sous ce rapport, l'exemple du calcul différentiel n'est non plus heureux, car il peut très bien rentrer dans les choses mutables et récusables. Il suffisait de trouver un autre artifice logique pour réduire les figures curvilignes à des éléments rectilignes et différentiels infiniment petits, en introduisant dans les équations de simples éléments artificiels, au lieu des grandeurs naturelles trop compliquées. Que Leibnitz ait été conduit à cette méthode infinitésimale, déjà préparée par Archimède, Descartes, Fermat, Wallis et Barrow, c'est fort bien ; mais si un nouvel artifice logique eût en même temps permis de régulariser l'élimination des grandeurs artificielles, la méthode de Leibnitz aurait été récusée et remplacée par la nouvelle méthode. Finalement Lagrange n'a-t-il pas réduit cette analyse à une algèbre supérieure ?[1] Dans le cas de Comte, il ne s'agit pas même de remplacer une méthode par une autre méthode, mais uniquement de régler et d'harmoniser la méthode objective et la méthode subjective.

M. Littré dira sans doute que la méthode positive n'est *positive* qu'en tant qu'elle est *objective*; et que pour lui la méthode positive est synonyme de la méthode objective. Mais

---

[1] Voir pour l'analyse transcendante, Comte, *Philosophie positive*, t. I, p. 139-142, 162-235; *Politique positive*, t. I, p. 484-487 ; *Synthèse subjective*, p. 417-590.

nous lui démontrerons également que la philosophie positive telle que Comte l'a créée dans son premier traité n'est nullement synonyme de la méthode objective.

Nous devons signaler en passant un vice de langage dans lequel sont tombés tous les philosophes, sans en excepter Comte lui-même, mais qui n'excuse point les erreurs de M. Littré. Nous croyons que l'expression *méthode* est vicieusement employée pour définir respectivement les trois états de l'évolution intellectuelle de l'Humanité. On ne peut appliquer le terme *méthode* à chacune de ces interprétations uniquement que par extension. Dans ce cas, la méthode positive devient synonyme de la méthode *scientifique*, expression déjà consacrée dans notre langue. Mais donnera-t-on le nom de méthode aux interprétations surnaturelles et fictives? Nous aurions alors des méthodes purement imaginaires : méthode théologique et méthode métaphysique. On voit donc qu'il n'y a point strictement parlant ni de méthode théologique ni de méthode métaphysique, pas plus que de méthode positive. Quand Comte parle de méthode positive, il veut simplement parler de méthode scientifique, par opposition à la théologie et à la métaphysique. D'après ce raisonnement pas non plus de méthode *objective* et de méthode *subjective*, à moins que ces dénominations ne soient également prises dans un sens extensif. Mais il y a des instruments de recherches, qui s'appellent méthode *inductive*, méthode *déductive* et méthode *constructive*, c'est-à-dire « on induit pour déduire afin de construire, » suivant l'expression de Comte. C'est ce qui constitue la *méthode universelle,* embrassant les images, les signes, et les sentiments, personnifiés dans le Grand-Fétiche (la Terre), le Grand-Milieu (l'Espace), et le Grand-Être (l'Humanité).

CHAPITRE III.

LA MÉTHODE EST INSÉPARABLE DE LA DOCTRINE.

> « L'étude des méthodes doit toujours se combiner avec l'étude des doctrines correspondantes, suivant leur double essor historique. »
>
> A. COMTE.

Commençons par rétablir dans toute sa vérité le développement de Comte complètement faussé par M. Littré. Il s'agit des deux paragraphes cités plus haut d'une apparente contradiction lorsqu'on les présente *isolément*, ou quand on n'en présente qu'un seul, comme l'a fait M. Littré. Dans le premier passage, la méthode apparaît, d'après Comte, comme étant « encore plus importante que la doctrine elle-même; » tandis que, dans le second passage, il réduit la méthode « à quelques généralités vagues, profondément insuffi-

santes pour diriger notre intelligence. »
Pour comprendre ces deux passages, il n'y
a qu'à tenir compte du principe de Comte
d'après lequel la méthode est *inséparable de
la doctrine*. Elle n'est donc pas *souveraine*,
ainsi que Littré le fait dire à Comte.

Dans une longue exposition [1] de cent quatre-vingt-trois pages, Comte développe les caractères de la méthode positive au point de vue de l'étude des phénomènes sociaux. Il débute par ce grand principe, méconnu par M. Littré, que : *les conceptions relatives à la méthode sont inséparables des conceptions relatives à la doctrine*. Plus les phénomènes se compliquent et se spécialisent dans la hiérarchie encyclopédique, et plus aussi il devient difficile de séparer la méthode d'avec la doctrine. Les nouvelles modifications ou perturbations acquièrent une intensité de plus en plus prononcée, de plus en plus complexe.

---

[1] « Caractères fondamentaux de la méthode positive dans l'étude rationnelle des phénomènes sociaux. » — *Philosophie positive*, t. IV, p. 287-470. — *Méthode sociologique*, p. 352-362.

C'est ainsi que dans les phénomènes sociaux — les plus compliqués et les plus connexes — les mêmes principes semblent s'y rapporter alternativement, soit à la méthode, soit à la doctrine, suivant l'aspect sous lequel on les envisage. D'après ce principe, la méthode appliquée à la sociologie ne peut émaner que de la conception de *l'ensemble* de cette science. Les métaphysiciens ont érigé en dogme logique, absolu et indéfini, l'aphorisme empirique : « de procéder du *simple au composé*. » La seule raison en est que cette marche convient essentiellement à la nature des sciences inorganiques, en vertu de leur développement plus simple et plus rapide, sous un plus haut degré de perfection. A ce point de vue, ce précepte est devenu le type de la logique universelle.

Au fond, la vraie logique consiste dans la nécessité d'aller du *connu* à *l'inconnu*. Or, la nature du sujet que l'on recherche peut parfaitement renverser cette règle et nous prescrire d'aller du composé au simple, suivant que le composé est mieux connu ou plus accessible que le simple. C'est ici que se trouve la différence fondamentale entre les sciences inorganiques et les sciences organiques au point de vue de la méthode positive. Dans les premières, on procède du simple au composé, mais dans les secondes, il faut procéder inversement du composé au simple. Le connu pour les premières est le simple, et l'inconnu est le composé. Pour les secondes, le composé est plus connu que le simple. Ce principe s'applique encore mieux à la distinction entre l'homme individuel et l'homme collectif. On connaît mieux l'homme organisé en société que l'homme pris isolément. Le premier obéit à des lois collectives et générales; tandis que le second est sous l'empire d'un individualisme variant d'homme à homme, obéissant à des lois concrètes difficiles à saisir. Chaque être est un tempérament dont les limites de variation sont inconnues. La liaison intime entre la méthode et la doctrine émane donc du *consensus social*, qui détermine un des principaux caractères de la méthode sociologique, consistant à modifier profondément l'ensemble de la méthode positive. Nous sommes bien loin de la souveraineté de la méthode Littréiste.

Auguste Comte disait tout cela en 1839, mais dès 1822, M. Littré aurait dû voir que son maître avait parfaitement établi la marche que l'esprit humain suit dans la recherche des lois régissant les phénomènes inorganiques et organiques, en procédant pour les premiers du particulier au général, et pour les seconds du général au particulier[1]. En 1822, Comte n'était pas encore fou, et — après trois crises cérébrales — il n'a jamais récusé l'œuvre de sa jeunesse, qu'il exécutait dans l'âge mûr. C'est là qu'est l'unité de la vie et de la doctrine du maître. Certes, on ne peut pas appliquer à Comte Littré *oui* de 1849, Littré *non* de 1879. Telle est la nature de la « trame » des critiques de cet écrivain.

Voilà en résumé dans quel sens Comte a

---

[1] Comte, « Plan des travaux scientifiques nécessaires pour réorganiser la Société. » Réimprimé dans son *Système de Politique positive*, t. IV, Appendice, p. 130-136.

pu dire que la méthode prise *isolément* se réduit « à quelques généralités vagues profondément insuffisantes pour diriger notre intelligence..., » surtout dans les sciences organiques comme la Biologie, et par-dessus tout la sociologie, et encore plus la Morale. Voilà encore comment la méthode sous aucune forme n'est, et ne peut être, comme l'affirme M. Littré « ni absolue, ni juge impersonnel, ni souveraine. » Elle ne peut être non plus « le seul lien par lequel les convictions puissent être enchaînées, » de même que « les méthodes ne priment pas tout... » C'est le cas d'appliquer à M. Littré le mot que Comte appliquait en 1822 au législateur : « L'absolu, dans la théorie, conduit nécessairement à l'arbitraire, dans la pratique. »

La méthode est au contraire *inséparable* de la doctrine aussi bien dans la science inorganique que dans les sciences organiques ; mais à un plus haut degré dans ces dernières. La méthode dans les sciences inorganiques va du particulier à l'ensemble, pendant que dans les sciences organiques et sociologiques, elle va inversement de l'ensemble au particulier[1]. De là la nécessité fatale où se trouve l'esprit humain de procéder dans les facultés cérébrales, en Sociologie et en Morale, des *fonctions aux organes* et de la *dynamique sociale à la statique sociale* ; c'est-à-dire dans les investigations à la recherche des lois compliquées, mais non pas quand il s'agit d'un « Plan d'un traité de sociologie » à la manière de M. Littré. Ceci n'empêche pas que la statique soit le fondement de la dynamique, dans un ordre quelconque de phénomènes, d'après le principe de d'Alembert réduisant les questions du mouvement aux problèmes d'équilibre ou d'existence. De ce principe Comte a tiré la troisième loi de sa *Philosophie première*, base de sa Politique positive, « en concevant tout progrès comme le développement de l'ordre correspondant, dont les conditions quelconques régissent les mutations, qui instituent l'évolution. »

[1] Comte, *Philosophie positive*, t. IV, Méthode sociologique, p. 352-362.

Ainsi, en recherchant les lois par la voie de l'ensemble au particulier, du connu à l'inconnu, ou de la dynamique à la statique, il n'y a pas plus de méthode subjective chez Comte, que de méthode objective et déductive chez M. Littré. Il y a simplement la méthode logique et universelle découlant du *consensus social*. Nous donnons au chapitre VI le vrai point de vue universel. Nous y reviendrons en réfutant les assertions non moins fausses de M. Littré, lorsqu'il croit impossible en Biologie, de déterminer l'organe par la fonction. C'est précisément ce que les biologistes commencent à faire dans leurs recherches sur les localisations des fonctions cérébrales, des centres moteurs, en un mot, de la topographie crâno-cérébrale. Ces travaux sont à l'ordre du jour et se poursuivent en France, en Allemagne, en Angleterre, en Italie, en Russie, en Hongrie, en Suède, aux Etats-Unis, etc... Disons de suite que dix ans avant Broca, Comte avait déjà reconnu que l'organe de la parole se trouvait dans la région où on le place aujourd'hui.

C'est son cinquième organe intellectuel qui préside à la fonction de l'expression.

Nous ne pouvons abandonner la question de la méthode et de la doctrine sans fournir, entre autres, un cas sur cette fatalité d'avoir à procéder de l'ensemble au particulier, et du connu à l'inconnu dans les phénomènes sociologiques.

On se demandera, par exemple, pourquoi Aristote a pu établir la base de la statique sociale, c'est-à-dire de *l'ordre*, tandis qu'il n'eut aucune conception nette de la dynamique sociale ou du *progrès*. Pourquoi même cette base de l'ordre social est restée inconnue pendant vingt-deux siècles et sans application, jusqu'à l'avènement de la doctrine et de la méthode positives, sous l'impulsion d'Auguste Comte. C'est que, seule, la philosophie positive ou la méthode sociologique pouvait donner une réponse satisfaisante. La méthode sociologique explique également pourquoi les problèmes de dynamique devaient naître du développement de la science moderne ; pourquoi les anciens devaient être limités aux problèmes de statique ; comment, enfin, le Positivisme, uniquement, pouvait systématiser la statique et la dynamique à l'avènement de la sociologie.

De quelques passages assez vagues de la *Politique* d'Aristote, avec un génie et une probité sans exemple, Auguste Comte a pu déduire ce qu'il appelle modestement le *principe d'Aristote*, qu'il formule en ces termes : « Le caractère essentiel de toute organisation collective, consiste dans la séparation des offices et la combinaison des efforts. »

Cette formule de Comte devient dans son esprit systématique le fondement de la théorie positive de l'ordre social. De là sortira sa grande pensée sur la concurrence entre *l'indépendance* et le *concours* de toute organisation collective, et sur la nécessité de les harmoniser. D'une part, sans la séparation des offices ou des travaux, il n'existerait point de véritable association, mais une simple agglomération ; d'autre part, le besoin de concours est inséparable du besoin d'indépendance. Ce principe détermine également le caractère fondamental de l'organisme social — du Grand-Être — comme étant composée d'êtres susceptibles d'exister à part, mais concourant, spontanément ou systématiquement, à un but commun, à son propre bonheur et à celui des autres. Quand les sentiments et les pensées s'harmonisent, l'Humanité développe ses penchants bénévolents ou altruistes ; *elle vit par autrui afin de revivre dans autrui*. Tout y est, dans ce principe : la base de la Sociologie, de la Morale et de la Religion de l'Humanité.

Comparez maintenant dans Comte des principes aussi solides avec cet embrouillamini de *sociomérie-sociergie* et de *sociomérie-sociauxie*, ce qui veut dire « l'état statique de la dynamique d'entretien » et l'état statique de la dynamique d'évolution ou de progrès, » d'après le fameux « Plan d'un traité de sociologie » de M. Littré, que nous analysons plus loin. M. Littré vous dira là qu'il « n'existe point de traité de sociologie. » Il vous dira aussi que nous n'avons point d'économie politique ; point d'avenir social. Par bonheur, il a créé *onze* néologismes qui comblent cette lacune.

On comprend que si, grâce à l'extrême complaisance de Comte, Aristote, par son principe de la *coopération*, fondait la statique sociale, ou la coopération dans l'espace ; la coopération dans le temps que l'évolution humaine fait de plus en plus prévaloir, devait naturellement lui échapper. Cette coopération simultanée des individus, ne pouvait lui dévoiler le concours successif des générations ou la continuité historique, base de la dynamique sociale. L'apparente immobilité du fétichisme et de la théocratie, ne permettait point au génie grec d'étendre ses spéculations au champ de la dynamique sociale, même s'il eût pu diriger ses contemplations au delà de sa nationalité, après s'être émancipé du régime du polythéisme militaire [1]. En résumé, la théorie positive de l'ordre et du progrès ne pouvait découler que de *l'en-*

[1] Comte, *Politique positive*, t. II, p. 281-282, 293-300, 405-408, t. III, p. 309-311.

semble de l'évolution humaine, lorsque cet ensemble aurait dévoilé à Comte la nature et le classement sur lesquels reposent sa doctrine statique des principales forces sociales. Donc, en sociologie comme en biologie, surtout dans les fonctions cérébrales, on est la plupart du temps forcé d'aller de l'ensemble au particulier, ou du connu à l'inconnu; c'est-à-dire de la dynamique à la statique sociale, et de la physiologie à l'anatomie, quoi qu'en dise M. Littré.

Nous avons vu M. Littré ériger la méthode en maîtresse souveraine qui prime tout. Nous avons vu au contraire que la méthode est inséparable de la doctrine, et qu'elle peut être récusée. Nous allons voir maintenant comme couronnement de ses œuvres, que la méthode peut être convertie en doctrine, et la doctrine en méthode. Nous voulons parler du *Traité de Philosophie positive* dont M. Littré accepte l'héritage.

Auguste Comte a établi ce qu'il appelle une « règle philosophique évidente. » A savoir : *toute doctrine peut être convertie en une mé-*

thode à l'égard de celles qui la suivent dans la hiérarchie scientifique, et jamais envers celles qui l'y précèdent[1]. » Comte présente cette règle comme une compensation nécessaire, bien qu'insuffisante, de la complication des phénomènes des sciences supérieures par rapport à ceux des sciences inférieures. Le biologiste, par exemple, peut disposer des procédés chimiques comme moyen d'exploration dans les phénomènes de la vie. A son tour, le chimiste ne peut disposer au début des procédés chimiques dont il recherche les lois, mais il appelle à son aide les procédés de la physique. En remontant la hiérarchie encyclopédique, le sociologue disposera des sciences physique, chimique et biologique. Maintenant la conversion de la doctrine en méthode et *vice versâ* est facile à saisir. On passe de l'une à l'autre, en passant d'une science à une autre science. Aussi la doctrine biologique nous fournira une méthode à l'aide de laquelle on pourra explorer la

---

[1] Comte, *Philosophie positive*, t. III, p. 317.

doctrine sociologique, qui repose nécessairement sur la Biologie; mais l'opération inverse serait impossible.

Nous terminerons ce débat sur le rapport mutuel de la méthode à la doctrine, par l'exemple d'une science capitale, dans laquelle la méthode s'efface presque devant la doctrine, c'est le cas de la Chimie. Pour cela, il faut prendre la question dès son origine.

En appréciant le vrai caractère de la philosophie chimique, Auguste Comte remarque que la nature intermédiaire de la Chimie, entre l'étude du monde et l'étude de la vie, lui permet d'ébaucher les procédés propres à la Biologie, à l'aide de la méthode comparative et de la théorie taxonomique. Bien que cette induction supérieure soit essentiellement due à la Biologie, elle convient à un moindre degré à la Chimie qui en offre la première manifestation spontanée. La Chimie réalise déjà la condition objective d'une telle induction, en offrant des groupes naturels, surtout dans l'étude des sels. C'est que les principales ressources de la logique chimique émanent de ses heureux emprunts aux deux sciences adjacentes : la Physique qui développe l'induction, dont l'essor spontané appartient à l'Astronomie; et la Biologie, où la méthode comparative et la taxonomie acquièrent toute leur plénitude, mais dont le germe est dans la Chimie. Dès lors, la Chimie n'aurait spécialement participé à l'élaboration de la méthode positive qu'en suscitant l'essor décisif des nomenclatures systématiques. Les phénomènes plus généraux des sciences inférieures sont trop uniformes pour comporter cet artifice logique, et trop simples pour l'exiger. C'est au contraire dans les analogies chimiques, assez variées et assez compliquées, que ce secours devient pleinement convenable. La construction systématique de Guyton-Morveau en est une preuve éclatante. Malgré cela, la Chimie a une faible aptitude à perfectionner l'ensemble de la méthode positive. La Chimie ne peut donc avoir aucune part spéciale à l'essor de la logique inductive. Quant à la logique déductive, son principal siège est dans la Mathématique, où elle prend spontanément naissance. A mesure que les sciences se compliquent, la déduction devient de plus en plus difficile, tenant seulement à notre faible intelligence et nullement à la nature de nos méditations. En résumé, la Chimie n'offrant aucun vaste champ d'exploration à la déduction, à la méthode comparative et à la théorie taxonomique, ni comme source première, ni comme développement, Auguste Comte conclut que « la valeur théorique de la chimie concerne réellement les *doctrines* qu'elle établit, et non les méthodes qu'elle élabore. » Mais, à ce titre, elle constitue la moitié la plus caractéristique et la plus importante de la cosmologie terrestre [1]. »

Voilà donc une des sept sciences abstraites des plus fondamentales, au sujet de laquelle la méthode n'est pas plus souveraine qu'elle ne prime tout, comme le veut M. Littré,

---

[1] Comte, *Politique positive*. t. I, p. 532-537. Voir aussi sur la méthode et la doctrine en chimie, sa *Philosophie positive*, . III, p. 59-70.

puisque c'est au contraire la doctrine qui fait sa force [1].

[1] « Nous avons dit p. 116 que « la plupart des définitions du *Dictionnaire* de M. Littré, tirées de la Philosophie positive, sont inexactes, parce que le disciple se refuse à entrer dans l'esprit de la doctrine du maître. » En voici la preuve quant à la méthode : « Les questions de méthodes, dit M. Littré, priment toutes les autres. » T. III, p. 540.

CHAPITRE IV

LA MÉTHODE EST RÉCUSABLE.

> « La philosophie positive ne peut admettre les vaines controverses de la métaphysique, sur la valeur absolue des méthodes indépendamment de ses applications scientifiques. »
>
> A. COMTE.

M. Littré retire à Comte la faculté de récuser une méthode qu'il a mise dans le domaine public, parce qu'elle nous domine tous comme elle domine Comte lui-même. Pourquoi donc ne pourrait-il pas récuser cet instrument pour un autre instrument encore plus puissant? Est-ce que l'histoire de l'évolution humaine n'est pas pleine de méthodes récusées de siècle en siècle, à mesure que les nouvelles découvertes nous mettent sur la voie de nouvelles méthodes. Ce serait bien malheureux, si nous succombions sous le poids de la première méthode que le premier génie nous aurait transmise. L'inverse est le propre de la loi du progrès humain. Nous verrons à l'instant que la méthode universelle est à peine ébauchée[1].

Mais, nous dira-t-on, par la même raison votre méthode positive n'est point le dernier mot de l'intelligence humaine, et demain un nouveau Comte pourra nous donner une nouvelle méthode ? Voilà précisément ce qui embrouille ceux qui ne sont pas initiés à la philosophie positive. Parce que l'on a constamment changé de méthode et de doctrine, on croit être autorisé à en changer indéfiniment, jusqu'à atteindre une perfectibilité dont on ne se rend aucun compte. Eh bien non, la perfection absolue n'existe point, et la perfection relative est extrêmement limitée et inhérente à une multitude d'influences concomitantes, normales et perturbatrices, à une masse d'imperfections humaines. La bête

[1] Voir p. 202.

est toujours là ! On atteint la perfection relative quand on ne peut plus dépasser certaines limites. C'est à nous de savoir où se trouve cette limite, et Comte nous le dit. Elle est dans le domaine du dernier état positif, et non pas dans le domaine métaphysique, et encore moins dans le domaine théologique. La perfection relative est dans le domaine positif, parce que c'est la positivité ou la réalité qui nous fournit la *loi*, et quand on a la loi, on a tout ce que l'on peut avoir. Elle ne peut pas être dans un domaine quelconque à venir, puisque dès à présent la loi nous suffit grandement en tout et pour tout. Qu'irions-nous chercher ailleurs ?

Revenons à la méthode irrécusable de M. Littré et disons : Semblable à un statuaire, Auguste Comte se propose de créer l'Humanité sous sa triple expression physique, intellectuelle et morale; mais il lui faut de bons outils. Au début, il rejette un mauvais outil *subjectif* qu'il a trouvé sous sa main, et le remplace par un autre outil *objectif* qu'il perfectionne. Avec cet outil il élabore la mathématique, l'astronomie, la physique et la chimie... tout à coup en élaborant la Biologie, il découvre que son outil ne fonctionne plus avec la même perfection. Il termine l'élaboration de la Sociologie, mais le souffle de la vie n'y est point, c'est une œuvre morte. Il reprend et perfectionne son outil subjectif, et muni de ces deux instruments parfaits, il achève sa tâche par une retouche décisive, ciselant une profonde expression morale, qui imprime à son Humanité, la vie sous ses trois attributs : *aimer*, *penser*, *agir*. C'est avec l'instrument objectif qu'il sculpta le dualisme du monde et de l'homme physique; c'est avec l'instrument subjectif qu'il sculpta le dualisme de l'homme intellectuel et moral au sein de l'Humanité. Après qu'il eut fait cela, il inscrivit sur le socle, *Agir par affection, et penser pour agir*, personnifiant l'unité cérébrale, ou de l'âme humaine[1].

[1] Nous proposons pour le buste de la République française ces trois attributs : « l'amour, la pensée, et le courage » sous l'*expression républicaine*; car l'expression est toute autre, prise au sens théologique ou métaphysique.

Voilà ce qu'on appelle la folie d'Auguste Comte ! Voilà les deux œuvres ! Voilà les deux vies ! de l'homme qui reproduit l'univers dans les plis du cerveau [1].

Tant que l'œuvre n'est pas achevée, libre à son auteur de choisir les instruments les plus parfaits, *finis coronat opus*. Nous en sommes aujourd'hui à la dernière limite de perfection, et pour régler les forces sociales que le passé a développées, il faut recourir à ces mêmes instruments qui ont servi à Comte pour les systématiser. C'est précisément pour cela que M. Littré n'a pas la possibilité de récuser l'harmonie établie par Comte entre la méthode objective et la méthode subjective. Mais, dira-t-il, l'instrument subjectif dont vous parlez, est pour moi l'instrument *déductif*. Nous verrons que cette proposition est insoutenable.

Quand M. Littré affirme que Comte ne

[1] Ceci n'est point l'image du poète; c'est la réalité du philosophe; car, nous idéalisons cette profonde pensée de Comte : « En transformant notre cerveau en un miroir fidèle du monde qui nous domine, l'ordre objectif ou cosmique devient la base de l'ordre subjectif ou humain. »

peut pas récuser sa méthode objective, il oublie que dès 1839, le maître n'admettait point les vaines controverses logiques de la métaphysique sur la valeur *absolue* de telle ou telle méthode, indépendamment des applications scientifiques. Il admet donc « sans la moindre inconséquence philosophique, » le droit au libre arbitre de récuser une fausse méthode et de lui préférer une autre méthode plus logique; bien qu'à ses yeux la méthode *positive* ne puisse courir aucun danger[1]. Ainsi M. Littré, alors qu'il croyait faire du positivisme, faisait de la métaphysique pure et simple.

[1] Comte, *Philosophie positive*, t. IV, p. 361-362.

CHAPITRE V

COMMENT L'ESPRIT DIRIGE LA MÉTHODE.

> « L'esprit dirige la méthode, et l'esprit est dirigé par la méthode. »
> A. COMTE.

M. Littré rapporte le passage suivant de Comte : « Leur ensemble (de la méthode subjective et de la méthode objective) fonde la logique vraiment religieuse, qui consacre, en les régénérant, les deux voies opposées que suivirent la théologie et la science pour préparer, chacune à sa manière, notre état définitif. (*Politique positive* T. I, p. 447).

M. Littré répond : « Si l'on prend les termes de cette phrase et si l'on en rapproche les mots cités plus haut : *Il faut que la méthode devienne sociologique*, il en résultera que l'esprit n'est pas dirigé par la méthode, mais la dirige, et que la méthode dépend du sujet, et non le sujet de la méthode; c'est le renversement entre ce qui gouverne et ce qui est gouverné. »

On ne sait pas bien ce que l'on doit admirer le plus, entre l'admiration de M. Littré pour les conclusions de Comte et son ignorance profonde de la doctrine positiviste. Si l'esprit ne dirige pas la méthode, si la méthode ne dépend point du sujet, qui l'invente et la dirige? Est-ce la matière et le monde cosmologique? Jusqu'ici l'esprit humain n'avait pu se frayer que deux voies diamétralement opposées : *l'absolu subjectif* en théologie et en métaphysique, et *l'absolu objectif* en science. L'une et l'autre voie en tant qu'absolues conduisaient à l'infini sans jamais l'atteindre. Comte arrive, et il lui suffit de transformer la vaine recherche des causes en la découverte des lois effectives, pour enlever du même coup et le caractère absolu du sujet et le caractère non moins absolu de l'objet. Cette vérification étendue jusqu'au domaine de la Sociologie, la relativité harmonieuse des deux méthodes est manifeste dans les fonctions mentales du système cérébral. C'est alors que la méthode subjective passe de l'état théologique et métaphysique à l'état sociologique et positif. Mais pour cela il faut, comme le dit fort bien Comte, « que la méthode subjective devienne sociologique. » Passons à la seconde objection de M. Littré.

Il est vraiment pénible d'avoir à discuter des faits aussi élémentaires avec un savant si haut placé dans l'opinion publique, avec le maître du grand maître. Faut-il dire que l'esprit est dirigé par la méthode de même que la méthode dépend du sujet? En voici la preuve. — L'Humanité accumule les faits observés et expérimentés, et dans un laps de temps plus ou moins long, elle se trouve en possession d'une immense richesse de matériaux; mais ces matériaux sont épars et signifient bien peu de chose; c'est une masse informe, c'est un chaos. Un jour, survient un génie, en temps et lieu, à l'heure marquée; il embrasse l'ensemble de ces matériaux pour en construire un corps, pour leur donner une forme quelconque. Mais par où faut-il commencer, par où faut-il finir? C'est alors qu'il *crée* une hypothèse, une théorie, une *doctrine* enfin. Ce n'est pas tout, il lui faut un instrument puissant à l'aide duquel il pourra élaborer convenablement ses matériaux, afin de confirmer sa doctrine; c'est alors encore qu'il *crée une méthode*. Il est donc bel et bien le *créateur* et de la doctrine et de la méthode ; c'est son esprit qui les a créées, c'est son esprit aussi qui dirige sa méthode dans la voie qu'il lui convient de suivre. Ici, halte là! Aussitôt qu'il a trouvé sa doctrine et sa méthode, ce sont-elles à leur tour qui le dirigent dans la découverte des lois qu'elles lui dictent. Sa méthode est-elle bonne, elle s'impose d'elle-même; elle est adoptée; l'inventeur et ses successeurs en subissent fatalement l'influence; elle *dirigera l'esprit* vers de nouvelles découvertes.

Sous l'égide de cette méthode, les siècles s'écoulent, et un autre jour vient où un nouveau génie démolira l'œuvre de son prédécesseur, en vertu de nouvelles accumulations de matériaux. Pourquoi cela ? Parce que l'ancienne doctrine et l'ancienne méthode ne satisfont plus aux nouvelles exigences. Le dernier venu *créera* à son tour une nouvelle doctrine et une nouvelle méthode. L'une et l'autre s'imposeront de la même manière pendant une nouvelle évolution de siècles.

Nous demandons, maintenant, où est le « renversement entre ce qui gouverne et ce qui est gouverné », comme le suppose M. Littré ? Pourquoi l'esprit ne peut-il pas diriger et être dirigé par la méthode ? N'est-ce pas l'esprit ou l'intelligence qui fait tout ? N'a-t-il pas rendu les sciences positives ? Pourquoi ne rendrait-il pas la méthode sociologique ? Que devient, en tout ceci, le fameux argument de M. Littré contre le changement de méthode chez Comte ? Si l'on eût fait cette objection au créateur de la dernière méthode, il eût haussé les épaules et prouvé sans peine qu'en suivant l'ancienne méthode nous restons dans le *gâchis*, comme y sont ceux qui restent en dehors du positivisme, comme y sont ceux qui suivent l'école Littré.

Trois immenses génies seulement ont systématisé l'ensemble des connaissances humaines jusqu'à leur époque, en créant des doctrines et des méthodes. C'est Aristote, d'après la méthode subjective absolue, procédant du dedans au dehors, de la vie au monde; c'est Descartes, d'après la méthode objective absolue, allant du dehors au dedans, du monde à la vie, inversement; c'est enfin Auguste Comte, d'après la combinaison relative des méthodes objective et subjective réformées, qui vont du monde à la vie et retournent au monde.

A partir d'Auguste Comte le point de vue devient vraiment *universel*; le cercle est complet et fermé. Dans la méthode subjective absolue, la subjectivité est prédominante et l'idée du monde est secondaire. Dans la méthode objective absolue, c'est l'inverse; l'idée du monde excède et l'idée de la vie est secondaire. La première méthode est inductive, la seconde est déductive. Dans les deux cas on se perd dans l'infini; il n'y a ni commencement ni fin. En voulant s'obstiner dans une de ces deux voies, la subjectivité absolue tourne à la folie, et l'objectivité absolue tourne à l'idiotisme. Telles sont les deux affections mentales du théologien-métaphysicien et du savant. Comte intervient, et il établit l'unité et l'harmonie vitale, intellectuelle et morale entre l'homme et le monde au sein de l'Humanité. Il va sans dire que nous parlons d'une manière abstraite ou générale, car, on trouve des germes, souvent transcendants, d'objectivité relative chez Aristote, et des germes de subjectivité relative chez Descartes. Seul, Auguste Comte se place au point de vue universel de la raison humaine, grâce à cet accord des deux méthodes régénérées, qui offusquent M. Littré.

Pourquoi donc M. Littré s'obstine-t-il à faire un crime à Auguste Comte d'avoir pris en considération la méthode subjective réformée, dès qu'il a vu qu'en élaborant le domaine de la sociologie et de la morale dans ses applications, il allait s'égarer en suivant exclusivement la méthode objective qu'en un autre moment il avait presque exclusivement adoptée, alors qu'il fallait établir la base objective de la Philosophie positive, qu'il devait plus tard systématiser sous l'empire de la Morale altruiste et de la Religion de l'Humanité? M. Littré a deux raisons : la première est que c'est lui et non pas Comte qui « a brouillé et confondu les deux méthodes d'une façon inextricable »; la seconde, que M. Littré tient absolument à poser Comte en contradiction avec lui-même; de là l'erreur qu'il commet de croire que la méthode subjective est la méthode déductive, erreur qu'il accompagne de bien d'autres.

Si M. Littré n'avait pas séparé la doctrine de la méthode; s'il n'avait pas érigé la méthode en souveraine; s'il avait vu que l'esprit dirige la méthode; s'il n'avait pas confondu la déduction avec la subjectivité positive; s'il n'avait pas cherché le point de vue universel où il n'est pas, il aurait compris que la doctrine éprouvant une modification, la méthode devait nécessairement éprouver une modification correspondante et *vice versâ*, mais non dans le sens qu'il la présente. Alors Comte serait dans le vrai et M. Littré dans le faux. C'est justement le contraire que *per fas et nefas* M. Littré s'efforce de prouver.

Terminons par cette pensée de Comte, qui est hors de la portée de M. Littré : *Il faut que la méthode subjective devienne sociologique*, est une pensée tellement profonde qu'elle embrasse le fondement et le développement de la science sociologique; elle comprend tout le Positivisme. Non seulement il faut que la méthode devienne sociologique, mais il faut aussi que *toutes les sciences et l'Esthétique* deviennent sociologiques, c'est-à-dire qu'elles s'élèvent à la conception sociale, dans leur source, dans leur développement, dans leur application. Il est fâcheux que M. Littré ait méconnu cette profonde vérité, et il l'a méconnue en ne concevant point que la méthode subjective ou toute autre, devait devenir sociologique.

CHAPITRE VI.

LE POINT DE VUE UNIVERSEL.

> « Le vrai et unique point de vue universel est dans la Morale, d'après l'irrévocable coïncidence entre l'objet et le sujet, entre le monde et l'homme. »
> A. COMTE.

Nous avons dit que M. Littré n'avait trouvé qu'*une seule raison* d'après laquelle Comte aurait substitué une méthode à l'autre. La voici d'après le disciple : « La fondation de la sociologie permet à la méthode subjective d'acquérir enfin la positivité qui lui manquait, en nous plaçant irrévocablement au point de vue pleinement universel. »

Sur cette simple affirmation, qu'il appelle *l'unique raison de Comte*, M. Littré s'embarque et naufrage dans un long raisonnement pour nous convaincre que Comte a *confondu* la méthode subjective avec la méthode déductive. Pour le moment examinons son point de vue universel.

« Il importe, dit M. Littré, de bien comprendre la question telle que M. Comte la pose et telle que je l'accepte sans aucune difficulté. Placé au point de vue universel, on en part comme d'un principe fécond d'où l'on tire, par voie de conséquence et d'enchaînement, les particularités et les applications. C'est le cas bien connu de la mathématique, et, dans l'astronomie, du principe de gravitation devenu le point de vue universel dont tous les faits de la mécanique céleste sont dépendants. Or, cela est non pas la méthode subjective, mais la méthode déductive. »

Oui, répétons-le avec M. Littré : « Il importe de bien comprendre la question telle que Comte « *l'a posée*, et non pas telle que M. Littré la pose, et telle qu'on l'acceptera « sans aucune difficulté. »

M. Littré veut bien « se placer au point

de vue *universel*, d'où il puisse tirer par voie de conséquence et d'enchaînement les particularités et les applications. » C'est parfait. Mais, ce point de vue *universel*, où M. Littré le trouve-t-il? Il répond que « c'est le cas bien connu de la mathématique. » Quel cas? Peu importe. En astronomie, il le trouve « dans le principe de la gravitation d'où dépendent tous les faits particuliers de la mécanique céleste. » Cependant on ne peut pas affirmer que les faits astronomiques les plus généraux, tels que les rapports entre eux des différents systèmes solaires, rentrent réellement dans la loi de la gravitation newtonienne. Clairaut ne considérait la loi de Newton que comme approximative et n'étant applicable qu'à des distances limitées. Faraday a observé que les infiniment grands en astronomie, et les infiniment petits dans les affinités chimiques échappent à cette loi. Enfin, Comte dit que la loi newtonienne ne convient pas mieux à toute distance que la loi de Mariotte à toute pression. Mais passe encore pour l'astronomie.

Ce n'est pas tout. Le point de vue universel sera en physique autre chose, en chimie encore autre chose, en biologie toujours autre chose, bien que la gravitation puisse y jouer un rôle plus ou moins important; en Sociologie enfin, on demandera à M. Littré quel est son point de vue universel? Surtout en Morale? On attend sa réponse. Et voilà le point de vue que M. Littré appelle *universel?* Si vous lui demandez, quelle est la méthode qui lui donnera le point de vue universel, qu'il n'a pas encore trouvé, il vous répondra que c'est la méthode *déductive*, et non pas la méthode subjective comme Comte l'a cru à tort. Du même coup Comte passe pour s'être imaginé qu'il avait tiré le principe de gravitation avec son point de vue universel de sa fausse méthode subjective, car M. Littré conclut : « Or, cela est non pas la méthode subjective, mais la méthode déductive. » Est-ce que Comte a dit que « cela » est la méthode subjective ?

Non, M. Littré ne nous donne pas « son point de vue universel » par la raison qu'il ne sait point où le trouver, ni comment le trouver. Il paraît même ignorer comment on a trouvé le point de vue universel de chaque science. Newton, par exemple, a-t-il trouvé sa gravitation dans un ensemble de conceptions, d'où il serait descendu aux particularités de la matière, du fond desquelles il aurait tiré sa loi universelle? C'est exactement la marche inverse qu'il a suivie. La loi de la chute des poids a été découverte d'après une étude directe, bien que la dynamique abstraite eût pu la déduire, observe Comte, de l'observation des phénomènes que présentent les mouvements curvilignes produits par la pesanteur, et qui nous fournissent la meilleure mesure du coefficient numérique de cette loi. Comte a fait sentir comment Newton fut guidé par une heureuse appréciation mécanique de la troisième loi de Képler, d'après la règle d'Huyghens sur la mesure des forces centrifuges. De fait, les trois lois géométriques de Képler ont également concouru à la découverte de la loi dynamique de Newton, en y appliquant l'analyse différentielle[1]. Si M. Littré appelle cela s'élever à un point de vue *universel*, et de là en tirer les particularités et les applications, on aurait autant de ces points de vue que de « conséquences et d'enchaînements. » Mais c'est justement en mathématique et en astronomie que l'on va du particulier à l'ensemble, et non pas en sens inverse comme nous l'avons vu. Quand on eut formulé la loi de la gravitation, c'est alors qu'on s'aperçut qu'elle est *universelle*, autant que le comportent nos études sur l'astronomie solaire, en défalquant les perturbations inhérentes. Comte a pu dire en ce sens de la théorie de la gravitation : « Elle a radicalement lié toutes les notions célestes, à un degré dont la sociologie offre *seule* l'équivalent, envers des études plus éminentes mais plus synthétiques[2]. » C'est ce seul cas de l'astronomie que M. Littré pouvait présenter avec équivoque, et il n'a pas manqué de le faire.

[1] Comte, *Astronomie populaire*. Paris, 1844, p. 400, *Philosophie positive*, t. II, p. 219-259.
[2] Comte, *Politique positive*, t. I, p. 512.

Maintenant « il importe de bien comprendre » comment la question n'est pas comme Littré la pose, mais comme Comte l'a réellement posée. Il ne s'agit pas du point de vue qui relierait plus ou moins intimement l'ensemble des phénomènes irréductibles propres à chaque science abstraite en particulier. Sous ce rapport, l'exemple de la gravitation en astronomie, que M. Littré croit opposer comme un argument puissant, n'a rien à faire avec « le point de vue pleinement universel », dont parle Comte et dont devrait parler M. Littré. Après s'être élevé par la pensée au point de vue universel — qui n'est pas même celui de Comte, — M. Littré descend dans sa critique au point de vue particulier de chaque science abstraite, de la mathématique et de l'astronomie, par exemple, lequel tout au plus peut s'étendre aux sciences inorganiques, et très légèrement à la biologie, mais non à la Sociologie, encore moins à la Morale, et toujours moins à la systématisation des fonctions physiques, intellectuelles et morales du cerveau. Donc,

M. Littré fait encore erreur en disant que du point de vue universel on peut déduire les particularités et les applications dans les sciences inorganiques, comme la mathématique et l'astronomie; mais c'est vrai en Sociologie, et Comte, dans ce cas, a raison contre lui-même et contre M. Littré.

Il ne s'agit pas non plus « des particularités et des applications que l'on peut tirer par voie de conséquence et d'enchaînement, » pas plus que de trouver le point de vue, nullement universel, qui relie partiellement les phénomènes à chaque science. Mais il s'agit d'un point de vue tellement universel, qu'il embrasse tout l'empire de la sociologie, l'entière systématisation des sciences inorganiques et des sciences organiques, de la vie et du monde. C'est sous ce rapport que Comte a dit qu'il n'y avait point de synthèse *partielle*. La synthèse est une et unique à proprement parler. En dernière analyse, il s'agit de l'existence et de la manière de trouver ce point de vue souverainement universel.

M. Littré confond encore les déductions que l'on peut tirer d'un point de vue universel déjà connu avec la méthode qu'il faut suivre pour le trouver. Sa critique débute par la méthode à suivre afin de découvrir le point de vue universel, puis il passe « aux particularités » et aux « applications » que « l'on tire par voie de conséquences et d'entraînement », de ce point de vue universel. Il s'agit précisément du point de vue à découvrir. Certes, ce n'est pas une réponse au passage suivant de Comte : « La fondation de la sociologie permet à la méthode subjective d'acquérir enfin la positivité qui lui manquait, en nous plaçant irrévocablement au point de vue purement universel. »

Cela veut dire que, quand on se place au point de vue universel auquel conduit la sociologie, la méthode subjective devient alors *positive*, parce qu'elle va de l'ensemble connu (l'Humanité) au particulier inconnu (l'homme). Il s'agit de connaître l'homme intellectuellement et moralement, d'après le point de vue universel que nous fournit la sociologie ; la biologie nous l'ayant déjà fait connaître physiquement, puisque l'existence cérébrale repose sur la vie corporelle. Après avoir objectivement subordonné la morale à la sociologie, l'étude systématique de l'homme se trouve logiquement et scientifiquement subordonnée à l'étude de l'Humanité, qui peut seule nous dévoiler les lois réelles de l'intelligence, du sentiment et de l'activité. Ce ne sera jamais, comme le croit M. Littré, par la méthode ni déductive, ni objective, se perdant dans l'infini, que l'on connaîtra l'homme. Voilà pourquoi Comte dit « qu'il faut que la méthode subjective devienne sociologique. »

Si M. Littré s'était bien pénétré de la marche inverse que suivent la méthode et la doctrine en passant du monde inorganique au monde organique, comme Comte l'a parfaitement établi, il aurait facilement vu que son soi-disant point de vue universel est d'une double nature et d'une double recherche. Dans les sciences inorganiques on le déduit des *particularités* que nous présentent les phénomèmes ; mais dans les sciences organiques, c'est inversement le point de vue universel observable dans l'ensemble des phénomènes vitaux et sociaux, qui nous fournit les particularités qu'il renferme.

On comprend maintenant pourquoi Auguste Comte dit que « la fondation de la sociologie permet à la méthode subjective d'acquérir enfin la positivité qui lui manquait en nous plaçant irrévocablement au point de vue universel. » Mais pour cela, dit-il encore, « il faut que la méthode subjective devienne sociologique au lieu de rester théologique. »

Ceci veut dire que l'ancienne subjectivité se plaçait au point de vue particulier de l'homme lié au point de vue général de Dieu. Mais la nouvelle subjectivité se place au point de vue universel de la sociologie, où l'homme est non moins universellement lié à l'Humanité remplaçant Dieu. La méthode subjective réformée acquiert donc sa pleine positivité. M. Littré dira sans doute que cela est du domaine de la méthode déductive, et non pas de la méthode subjective, qui reste pour lui de la métaphysique et chez Comte de la folie. C'est encore une fausse déduction que nous aurons lieu d'examiner.

Mais voici une autre question bien plus grave et bien plus compromettante pour M. Littré. Jusqu'ici, nous avons discuté le point de vue universel du disciple tout comme s'il existait en mathématique, en astronomie surtout, où il croit le voir dans la gravitation universelle. Malheureusement pour lui, il n'existe pas davantage dans aucune des sciences inférieures! C'est encore là une invention et une grave méprise de M. Littré. Le vrai et unique point universel ne peut exister que dans la Morale, « d'après l'irrévocable coïncidence contre l'objet et le sujet, c'est-à-dire entre le monde et l'homme. »

Les six sciences abstraites précédentes ne font que converger vers cette synthèse subjective, chacune d'elles fournissant les éléments irréductibles qui concourent à la connaissance de l'ordre cosmologique et humain[1]. Chaque science est donc un échelon

---

[1] Comte, *Synthèse subjective*, p. 518.

ascendant conduisant à la Morale, où le terme
le plus compliqué est à la fois, remarquez-le
bien, le moins général *objectivement* et le
plus général *subjectivement*. Car, les phénomènes sociaux sont les moins universels,
mais les pensées qu'ils suscitent offrent plus
de généralité que tous les autres. Partout la
complication fait croître la généralité subjective et décroître la généralité objective. L'ordre plus compliqué repose toujours sur l'ordre plus simple, et les idées que celui-ci
suscite résultent d'une décomposition des
idées que celui-là provoque. Ainsi, toute
hiérarchie positive offre également le décroissement continu de généralité, soit que l'on
procède du simple au composé ou du composé au simple; seulement, la généralité se
rapporte tantôt aux phénomènes et aux êtres,
tantôt aux pensées humaines. L'indépendance
accompagne toujours la généralité objective,
tandis que la noblesse se lie constamment à
la généralité subjective. L'ensemble de chacune de ces deux hiérarchies établit une
sorte de compensation entre l'élévation et la

dépendance. Ce principe constitue en même temps la base des forces sociales. La puissance spirituelle surpasse toutes les autres en généralité subjective et en dignité sociale; tandis que la force matérielle est la plus générale objectivement et la plus indépendante. C'est pourquoi celle-ci forme la base de la construction politique dont celle-là devient le sommet normal. C'est ainsi que Comte a établi deux sortes de généralités, l'une *objective*, l'autre *subjective*, c'est-à-dire quant aux phénomènes extérieurs et quant à nos propres conceptions. Ces deux généralités découlent de la découverte de sa hiérarchie encyclopédique, où le terme le plus compliqué, la sociologie et la morale, est à la fois le moins général objectivement et le plus général subjectivement[1]. La synthèse étant une et unique, nous le répétons, le point de vue universel est dans la Morale, et non pas dans la Mathématique et l'astronomie ou autre part. Telles sont les deux généralités que M. Littré n'a jamais conçues.

[1] Comte, *Politique positive*, t. II, p. 333-335.

Voit-on maintenant la piteuse mine que fera en sociologie la fameuse méthode objective du disciple, lorsque c'est là précisément que la *généralité objective* est à son minimum pendant que la généralité subjective est à son maximum ! Ou ce qui revient au même, c'est en sociologie que la *déduction* est à son minimum et l'induction à son maximum. Et comme la déduction est le pendant de l'objectivité[1], et que l'induction est le pendant de la subjectivité, il serait curieux de voir comment le disciple sortira de cette impasse.

Prenons maintenant le point de vue universel, que M. Littré appelle « le cas bien connu de la mathématique, » mais qu'il n'indique pas. Peut-être ne le connaît-il pas bien ? Pour nous, Positivistes, cette universalité est dans la logique infinitésimale, création éminemment subjective, dont le principal essor et la meilleure destination

---

[1] Nous disons plus loin que « l'induction constitue le principal élément de la méthode objective, parce que pour déduire il faut induire. »

appartiennent au domaine moral, où cesse l'anomalie philosophique entre la généralité subjective de la différenciation et l'objectivité spéciale de l'intégration ; un artifice logique, dont les différentielles n'ont pas plus d'existence que les molécules dans l'hypothèse atomique de la physique. Mais ces grandeurs artificielles, remplaçant les grandeurs naturelles, offrent des relations plus simples, plus générales et mieux saisissables, en rendant rectilignes des éléments curvilignes. Cette induction philosophique se réduit à substituer la généralité subjective aux spécialités objectives. Du même coup la méthode objective et la méthode déductive ont eu une bien maigre part dans la création du calcul des fonctions indirectes. Suivant le raisonnement de M. Littré, l'analyse transcendante serait donc de la métaphysique et de la fiction.

Si la logique infinitésimale présente un caractère d'universalité, c'est uniquement dans la différenciation analytique, mais non pas dans l'intégration constructive ou synthétique. Si M. Littré eût compris que nos spéculations abstraites sont moins destinées à perfectionner nos connaissances scientifiques qu'à développer nos moyens logiques; que les progrès du calcul se bornent au fond à transformer les difficultés géométriques en difficultés algébriques, autant insurmontables, et nous en avons une preuve éclatante dans la plus puissante construction algébrique de Lagrange; il aurait vu que la destination normale de la mathématique est plus logique que scientifique; il aurait vu que c'est seulement en Morale que l'abstrait confine au concret, où seule la vraie rationnalité peut exister, d'après la coïncidence entre l'objet et le sujet, et en subordonnant l'analyse inductive et déductive à la synthèse constructive; d'où résulte la conciliation de l'analyse et de la synthèse. La raison théorique est alors caractérisée par la généralité des conceptions unie à leur réalité. Comte applique même la méthode transcendante à l'ensemble de la constitution encyclopédique. Philosophiquement envisagée, la hiérarchie positive commence par la différenciation ou analyse des pensées universelles, et tend successivement vers leur intégration ou synthèse, normalement accomplie, autant que possible, dans le domaine de la Morale[1].

Mais ces pensées universelles, d'où Comte les tire-t-il ? D'une nouvelle philosophie dont M. Littré n'a jamais soufflé mot, d'une nouvelle folie, d'un rêve du grand Bacon. Il les tire des quinze lois de la *Philosophie première*[2] qu'il a établie, qui nous fournit la base universelle de toutes nos spéculations, et d'où émane la notion universelle de *type*, en mathématique et en morale. Cette philosophie première comprend les lois générales ou abstraites, vraiment universelles, qui régissent chaque groupe de phénomènes irréductibles. Nous voilà certes bien loin du petit point de vue universel de M. Littré, qui ne s'étant pas rendu un compte exact de la nature

---

[1] Comte, *Synthèse subjective*, p. 506-511.
[2] Comte, *Philosophie positive*, t. I, p. 380-395; t. VI, p. 793-800. *Politique positive*, t. IV, p. 173-182. *Synthèse subjective*, p. 84-103, 629-650, pour les principaux passages. Voir le tableau dans le *Catéchisme positiviste*. Paris, 1874, 2e édit., p. 388.

des lois abstraites conduisant à la synthèse subjective, les confond à chaque pas avec les lois concrètes et la synthèse objective, dont la connaissance n'est pas à notre portée. S'il y a quelque chose de bien « vague, » de bien « confus, » de bien « brouillé » ce sont les conceptions abstraites et concrètes du disciple.

Quand M. Littré croit s'élever bien haut au-dessus de son méchant point de vue universel de la mathématique et de l'astronomie, combien il est bas dans l'esprit de la doctrine positive. Non seulement Auguste Comte a imprimé le cachet de l'universalité aux phénomènes irréductibles et à la morale sociologique, mais encore il a établi la *Méthode universelle*. M. Littré qui ose accuser le maître d'avoir « brouillé et confondu la méthode subjective et la méthode déductive d'une façon inextricable et d'en avoir fait un amalgame, » devrait au moins rougir de se donner le nom de disciple d'Auguste Comte. Une telle accusation portée contre celui qui a tracé avec la profondeur du génie l'histoire, les caractères, et les lois de l'induction et de la déduction dans l'évolution humaine, dans la hiérarchie encyclopédique, dans les fonctions cérébrales etc. etc..., une telle accusation dépasse les bornes de la suffisance ! Mais passons une fois de plus, et voyons la méthode universelle.

Non seulement la méthode n'est ni « absolue ni juge impersonnel, ni souveraine, » comme nous l'avons vu, mais encore la méthode proprement dite est à peine *ébauchée*. La théologie ne l'a pas connue, la métaphysique non plus, et la science moderne, en dehors de notre école, pas plus. La méthode s'est graduellement développée au fur et à mesure que les sciences positives se développaient ; cependant elle ne pourrait être systématiquement appréciée que d'après un suffisant essor de ses applications essentielles, esthétiques et philosophiques, sous l'empirisme de la théologie et de la métaphysique. Elle fut longtemps bornée à la *déduction*, où les *signes* prévalurent. Cette notion domina les conceptions logiques de Descartes, le plus éminent des rénovateurs modernes. Néanmoins, il systématisa les *images* dans sa construction mathématique, et sut dignement instituer l'*induction*, dont la destination supérieure fut proclamée par Leibnitz. Eh bien, ce mouvement spontané ne pouvait être systématisé que quand le Positivisme — aspirant à la synthèse universelle — eut institué la méthode subjective, en plaçant la construction du système au-dessus de l'induction des principes et de la déduction des conséquences. La systématisation de la méthode universelle embrasse alors trois éléments : la *déduction*, l'*induction* et la *construction*, dont la succession est représentée par leur classement, suivant l'importance et la difficulté croissantes. La formule générale de la logique positive est donc : *Induire pour déduire afin de construire*. Cette formule ne pouvait surgir que quand les besoins sociaux eurent manifesté l'urgence de la régénération humaine. Elle ne pouvait apparaître qu'après l'entière systématisation de la Philosophie positive. Ainsi que le dit Comte, il faut en dehors de la morale positive regarder comme purement préliminaires les conceptions relatives à la doctrine et même à la méthode.

On peut déduire, immédiatement, quand les spéculations sont assez simples pour que leurs principes soient spontanément saisissables. Suivant la complication des phénomènes, l'induction prévaut si les points de départ offrent plus de prix et d'embarras que le développement des conséquences. L'induction constitue le principal élément de la méthode objective, et sert de transition à la méthode subjective, surtout quand surgit la comparaison biologique. La filiation sociologique devient alors le premier élément de la construction, qui coordonne finalement dans la synthèse morale les matériaux émanés de l'analyse théorique; mais cette coordination ne peut se faire que sous l'impulsion du raillement et du règlement de la Religion positive.

Dans sa pleine universalité, la méthode positive est d'abord déductive, puis inductive, et enfin constructive, sauf à prolonger l'induction suivant les besoins théoriques; ce qui dans l'état normal, ne convient qu'à l'âge scolastique. Sous cet aspect, les trois degrés de l'élaboration mentale sont en exacte harmonie avec ses trois moyens généraux. Tant que la déduction prévaut, l'assistance logique émane directement des signes, où l'expression facilite la conception. Une induction difficile a surtout besoin des images, dont les signes deviennent les simples auxiliaires. Dès que la construction succède à la double préparation des matériaux, le sentiment développe sa suprématie auparavant l'attente; car il est seul apte à vraiment coordonner. Il préside directement à l'ensemble de l'élaboration inverse, où l'esprit descend graduellement du dedans au dehors. On voit prévaloir ces deux marches respectives, l'une en philosophie expliquant le dogme scientifique, l'autre en poésie idéalisant le culte positif[1].

Enfin, en voulant retirer le point de vue universel de la déduction, M. Littré démontre qu'il n'a pas plus d'idée de la nature de l'universalité positive, que de la

[1] Comte, *Synthèse subjective*, p. 42-48.

valeur intrinsèque de la méthode déductive. Il est impossible de résoudre par la voie objective et déductive, le problème suivant : « la subordination de nos sentiments, de nos pensées et de nos actes à un moteur régulateur. » Si cette puissance n'est point en Dieu, elle est dans l'Humanité, et ce n'est point de déductions en déductions objectives que l'on y arrivera, car, la déduction objective est toujours analytique ; seule l'induction subjective peut nous conduire à la synthèse finale.

CHAPITRE VII.

CE QU'EST LE PLAN D'UN TRAITÉ DE SOCIOLOGIE DE M. LITTRÉ.

I. — LE PLAN.

En novembre 1858[1] M. Littré imprimait une brochure sous le titre de « *Paroles de philosophie positive.* » Là, il invente une loi des « quatre âges, » qu'il appelle *rationnelle* en opposition à la loi de Comte des trois états, qu'il appelle *empirique*. M. Littré nous prévient : « J'anticipe ici sur un travail qui m'occupe depuis longtemps et que je n'ai pas encore publié. » Treize années passent et nous attendons toujours. Enfin, à la séance du 23 mai 1872, de la défunte Société de sociologie, M. Littré s'aventure à lire un

[1] Cette brochure n'a paru qu'après mars 1859.

travail intitulé « *Plan d'un traité de sociologie.*[1] »
Est-ce le travail attendu ? Pas du tout :
M. Littré anticipe toujours, et nous attendons
depuis vingt ans. Le disciple se contente de
revenir à ses périodes des besoins, du moral,
du beau, et de la science, sous la surveillance
du gouvernement comme couronnement.
Cette fois-ci, il n'est plus question de sa *loi
des quatre âges*, mais uniquement d'un
classement rapide des chapitres embrassant
son traité de sociologie. *Onze* néologismes
remplacent les locutions composées dans les
divisions et sous-divisions des chapitres. La
plus belle partie de ce « Plan d'un traité de
sociologie, » est ce qu'on va lire dans l'analyse que nous en faisons en serrant le texte
le plus près possible.

M. Littré n'a jamais vu en sociologie qu'une
aptitude de prévision à échéance excessivement limitée; pour mieux dire, il n'y voit
pas grand'chose. C'est pour cela qu'il n'ose
point trancher l'objection de M. Corriez, à

[1] Littré, *La Revue de philosophie positive*. Juillet-août 1872. t. IX, p. 153-160.

savoir, si dans l'ordre naturel, la dynamique sociale doit précéder la statique sociale. Ce qui équivaudrait à savoir si la charrue est avant les bœufs. Seulement, il trouve un argument en faveur de la théorie de M. Corriez, en remarquant qu'il lui a été *plus commode* de placer l'état dynamique le premier. Qu'on ne dise pas que nous inventons, voici les paroles du disciple : « Le présent travail, dit M. Littré, consiste à diviser méthodiquement la sociologie en parties, et à ranger ces parties suivant un ordre naturel. La première division est, comme l'a établi M. Comte, l'état statique et l'état dynamique. La méthode biologique veut que le premier précède le second, et l'on a été porté à suivre le même arrangement en sociologie; mais, tout récemment, un de nos collègues a élevé des objections là contre, soutenant qu'ici la nature du sujet doit faire préférer l'ordre inverse, l'état dynamique avant l'état statique. Sans prendre encore un parti définitif sur cette question, je remarque qu'il m'a été plus commode de placer l'état dynamique le premier; et c'est un argument en faveur de la thèse de M. Corriez. »

Ainsi le maître du maître est bien modeste : il ne prend pas *encore* un parti définitif sur cette grave question, mais il trouve comme argument fondamental en faveur de la thèse de M. Corriez, qu'il lui a été plus commode de mettre le cœur à droite ! Et on voudrait que nous analysions sans rire, ce plan de sociologie qui débute de la sorte ? Nous allons faire effort, pour nous acquitter consciencieusement de notre tâche.

II. — LA SOCIODYNAMIE.

Commençons donc par la dynamique, que M. Littré appelle : *sociodynamie* (force), et la statique, *sociomérie*, (partie). La dynamique embrasse à la fois « les opérations multiples par lesquelles la société pourvoit à son entretien, et le mouvement par lequel la société change, se développe et croît en civilisation. » Il appelle tout cela « l'état dynamique d'entretien ou *sociergie* (opération), et l'état dynamique de progrès ou *sociauxie* (accroissement). » « Comme il faut s'entretenir pour se développer, » la sociergie passe de juste avant la sociauxie.

Voilà une dynamique *d'entretien* et une dynamique de *progrès* qui ont complètement échappé à Auguste Comte. « Cela est dommage, » mais par bonheur le disciple est là pour redresser le maître, car M. Littré s'écrie : « C'est un grand domaine que cette sociergie, » — la dynamique d'entretien. Nous allons le voir.

III. — LA SOCIERGIE.

« Tout ce qui s'y passe, continue M. Littré, me paraît pouvoir être ramené à cinq chefs, qui sont : le gouvernement, la production de ce qui est nécessaire à la vie privée et collective, la culture de la morale, celle des beaux-arts et celle des sciences. On a ainsi l'ensemble de toutes les opérations par lesquelles une société pourvoit à ses besoins de production et de consommation, au maintien des sentiments moraux, gage essentiel des rapports des hommes entre eux, aux jouissances si délicates et si bienfaisantes des lettres et des arts, à la culture des sciences, qui a pris un ascendant décisif dans les affaires humaines. » La sociergie est en effet « un grand domaine. »

Ici les cinq chefs de la sociergie commencent par le *gouvernement*. Qu'est-ce que le gouvernement? A la page suivante, M. Littré l'explique, non plus comme début de la sociergie, mais comme couronnement. Est-ce que M. Littré n'est pas bien sûr, comme pour la statique et la dynamique sociales, si son gouvernement est avant ou après, « ses besoins, son moral, son beau et sa science » Pas le moins du monde, il est après. Voici ses termes : « Enfin, comme le gouvernement exerce une influence sur les quatre parties que je viens d'énumérer et qu'à son tour il est subordonné à toutes les influences qu'il en reçoit, j'en fais un cinquième et dernier chapitre; c'est une sorte de couronnement de l'ensemble et un régulateur des fonctions essentielles et productives chacune dans leur domaine. » M. Littré est fort pour les couronnements. En 1858, dans sa « loi des quatre âges, » c'était la sociologie qui les couronnait. A présent, en 1872, c'est le *gouvernement* qui les couronne. Puis M. Littré revient sur l'importance de sa sociergie : « Ainsi la portion de l'état dynamique relative aux fonctions, portion à laquelle j'ai donné le nom de sociergie, présente, dans un ordre hiérarchique, les cinq grandes sections : entretien de la production et de la consommation, entretien et culture des sentiments moraux, entretien et culture de ce qui, par la beauté, charme et polit les esprits des hommes, entretien et culture de ce qui les éclaire sur la vraie constitution des choses, et enfin, soins généraux qui veillent à l'expansion de ces quatre fonctions, leur donne un lien commun et un centre de concours. »

Pour compléter sa sociologie, les quatre néologismes suivants : sociodynamie, sociomérie, sociergie et sociauxie, ne suffisent pas à M. Littré. Il a bien le terme « d'économie politique, » pour le premier chapitre des besoins qui la représente, « avec cette importante modification toutefois, qu'ici l'économie politique ou fonction de production et de consommation est mise à sa place comme partie d'un tout, et n'est point traitée comme quelque chose d'isolé et d'indépendant. » M. Littré appelle donc « l'entretien de production et de consommation ou économie politique, » de la *socioporie* (se procurer). Par conséquent, les économistes seront dorénavant des *socioporistes*. Nous ne savons pas s'ils en seront flattés. Ce n'est pas assez, il faut aussi baptiser les autres quatre phases. M. Littré donne alors au « domaine de la morale, » le nom de *sociagathie* (le bon); au « domaine des lettres et des arts, » celui de *sociocalie* (le beau); au « domaine de la science, » celui de *socialéthie* (le vrai); enfin, au gouvernement, celui de *sociarchie* (commander). M. Littré ajoute : « le mot de gouvernement ne me suffit pas, parce que dans la *sociarchie* je renferme la législation et le droit.

Ainsi la socioporie, la sociagathie, la

sociocalie, la socialéthie et la sociarchie constituent les cinq premiers chapitres de la sociergie de la sociodynamie, en termes un peu moins barbares de la dynamique sociale *d'entretien*. M. Littré ne s'en tient pas là : « On comprend, dit-il, que chacun de ces cinq chapitres doit se partager en plusieurs sous-chapitres; mais ce n'est pas le lieu d'entrer dans le détail. » En effet les détails sont souvent fort embarrassants, quand les idées ne sont pas bien claires, et M. Littré n'entrera jamais jusque dans le détail de « peser sa nourriture » à la manière du maître. Ensuite, il faudrait de nouveaux néologismes, et puis encore M. Littré probablement « anticipe ici sur un travail qui l'occupe depuis longtemps. »

IV. — LA SOCIAUXIE.

Maintenant, M. Littré « passe immédiatement à la seconde portion de l'état dynamique, c'est-à-dire la force d'évolution, de progrès, celle que j'ai proposé de nommer sociauxie ; essayons d'en reconnaître les parties, afin d'en faire des chapitres. »

Nous marchons de surprises en surprises, et de merveilles en merveilles. Nous allons retirer la quintessence de ce que M. Littré appelle la sociauxie ou dynamique de progrès. Le premier moteur de l'évolution humaine ou du progrès est la faculté *d'accumulation;* car, « à l'origine, l'homme est dénué, ne possède rien, loge dans des cavernes et n'a qu'un misérable capital composé de quelques outils de pierre... Sans accumulation, ce qui est acquis se perdrait... » mais « elle prévient cette déperdition, et elle fonde les premiers degrés d'une longue et puissante évolution. L'agent de cette accumulation... c'est la *transmission*, du père au fils, des procédés trouvés par des hommes supérieurs... C'est donc par la tradition que se fait l'accumulation... L'accumulation a d'abord pour objet essentiel de pourvoir aux besoins de la vie; l'intelligence s'y applique; et cette besogne, qui la sollicite énergiquement, est parfaitement appropriée à sa capacité ». M. Littré appelle cet office ou cet état de l'accumulation primitive, état *empirique*. Voilà pour la première période des besoins.

Maintenant, « l'état dynamique d'évolution ou sociauxie représente, dans plusieurs de ses linéaments, l'état dynamique d'entretien ou sociergie. En effet, les sociétés primitives, débarrassées de ce qu'il y a de plus pressant dans la production et la consommation, sentent l'urgence des besoins moraux que toute association suscite et développe. Sous cette influence naissent les religions. De même que l'intelligence s'applique aux objets que nécessite la vie individuelle et collective, et en assure le perfectionnement incessant, de même elle s'applique aux créations morales et religieuses qui se sont produites spontanément, et en développe le progrès et les conséquences. Ainsi se forme l'état théologique dont M. Comte, le premier, a découvert le rôle sociologique comme échelon de l'évolution humaine. De cette façon aussi, on conçoit qu'on est pleinement autorisé à dire « la philosophique théologique », comme le font actuellement les disciples de la philosophie positive ». Voilà pour la deuxième période du moral.

Ici, nous remarquons que ni la formation « de l'état théologique dont M. Comte, le premier, a découvert le rôle sociologique comme échelon de l'évolution humaine », ni la philosophique théologique de la philosophie positive de l'école de M. Littré, n'ont rien à faire avec la doctrine et la méthode d'Auguste Comte, même avec les développements profonds qu'il en a donnés dans son « Traité de Philosophie positive », que M. Littré est sensément suivre; ce que nous démontrerons plus tard.

« Aux conceptions morales et religieuses, poursuit M. Littré, sont liées de très près, dans le temps comme dans la nature de l'esprit humain, les créations poétiques et les œuvres des beaux-arts... A cette source de jouissances, une fois ouverte, les hommes ne renoncent plus, et la sociocalie demeure un élément du développement comme de l'entretien des sociétés. » Voilà pour la troisième période du beau.

Ici, dans la dynamique de progrès ou sociauxie, M. Littré intercale la conception métaphysique, qui ne figure ni dans sa dynamique d'entretien ou sociergie, ni dans la loi des quatre âges. Il est curieux de voir comment il en explique l'origine.

« Les conceptions théologiques, qui offraient un vaste champ à la spéculation, comme on le voit par beaucoup de mythes qui contiennent des essais d'explication philosophique, par exemple le mythe d'Ève et de la pomme, ou celui de Prométhée; les conceptions théologiques, dis-je, suscitèrent la pensée de traiter le même objet qu'elles, mais indépendamment d'elles. Ainsi naquit la métaphysique, l'état métaphysique inscrit par M. Comte parmi les facteurs de notre évolution, la philosophie métaphysique. Le cas de l'Inde montre que cette éclosion est indépendante du progrès de la science; dans l'Inde, en effet, à une époque où la science n'y avait pas encore pénétré, il se forma une métaphysique très active et très développée. »

Le mythe d'Ève et de la pomme ou tout autre mythe donnant naissance à la métaphysique ! Ceci vraiment dépasse les limites d'une saine spéculation philosophique. Les conceptions théologiques, suscitant les conceptions métaphysiques ! Tout cela n'a pas de nom en philosophie positive. Il n'est pas possible d'ignorer à ce point le rôle purement et profondément *dissolvant* de la métaphysique, de telle sorte que l'esprit humain puisse insensiblement passer de l'état théologique à l'état positif. Le vrai rôle de la métaphysique, aussi bien dans l'Inde qu'ailleurs, n'est certes pas celui que M. Littré lui attribue.

Pour contempler la sociauxie de M. Littré, nous avons encore la quatrième période de la science, ou plutôt la cinquième, puisqu'il la fait précéder par la métaphysique, et tout à l'heure nous aurons huit éléments dans la sociauxie. Dans le paragraphe qui suit, M. Littré ne paraît pas bien sûr de son affaire, ou du moins son langage est bien vague. En parlant de la Grèce, il dit : « C'est là, pour la première fois, que la science pure, la science abstraite, trouve des esprits qui, s'en éprenant, commencent l'œuvre des grandes et inébranlables théories. » Cela sent plutôt son littérateur, que son philosophe ou son sociologue. Il fallait dire en deux mots que les Grecs ont *créé l'abstraction*, et la logique des images, d'où émane de nos jours le *concret* et la logique des signes; que les Grecs ont fondé la base statique des connaissances humaines, jusqu'à la politique d'Aristote, d'où émane encore, de nos jours, le couronnement dynamique. Mais cette statique et cette dynamique sociales sont d'une nature bien différente de celle de la *statique sociomérique* et de la double dynamique *sociergie-sociauxie*, de M. Littré.

« A la suite des moteurs essentiels de l'évolution, ajoute M. Littré, je place deux accessoires d'une importance sociologique qui ne peut être négligée : la considération des milieux et celle des races. »

M. Littré divise donc sa sociauxie en huit chapitres : « l'accumulation en général, l'état empirique, l'état théologique, le génie de la poésie et des arts, l'état métaphysique, l'état positif, les milieux et les races ». Est-il possible de brouiller d'une façon plus inextricable les trois états de Comte et d'en faire un amalgame avec « l'accumulation en général, l'état empirique, la poésie, les arts, les milieux et les races? Il y a à boire et à manger pour tout le monde dans ce banquet d'abstrait et de concret.

Voilà, au sens de l'écrivain, ce que comprend la dynamique de progrès; mais l'embarras maintenant est que la dynamique d'entretien comprend aussi à peu près les mêmes choses. En effet, nous avons vu que la dynamique d'entretien ou sociergie comprend : « 1° l'entretien de la production et de la consommation ; 2° entretien et culture des sentiments moraux ; 3° entretien et culture de ce qui, par la beauté, charme et polit les esprits des hommes ; 4° entretien et culture de ce qui les éclaire sur la vraie constitution des choses ; 5° soins généraux qui veillent à l'expansion de ces quatre fonctions, leur donne un lien commun et un centre de concours ».

Il est à remarquer que les deux premiers chapitres de la sociauxie sur l'accumulation en général et l'état empirique, est une même chose se rapportant aux besoins généraux et primitifs, car M. Littré termine en disant : « Cet état, je propose de l'appeler état empirique. »

Pourquoi alors, deux têtes et deux chapitres différents ? Donc, des huit chapitres de la sociauxie on n'en trouve plus que sept ; car il ne doit pas séparer la poésie des arts, qui constituent sa *sociocalie*, le beau. Les besoins, la morale, le beau et la science, ou la socioporie, la sociagathie, la sociocalie et la socialéthie figurent également dans la sociergie ou dynamique d'entretien, et dans la sociauxie ou dynamique de progrès. Seul le gouvernement ou *sociarchie*, qui couronne la sociergie, n'a point de représentant en sociauxie. Par contre, la métaphysique, le milieu et les races de la sociauxie n'ont point de siège en sociergie. Telle est la distinction nette de cette « coordination d'ensemble, qui ouvre des vues et précise des idées ». Comme M. Littré dit que chacun des cinq chapitres de cette dynamique d'entretien doit se partager en plusieurs sous-chapitres, il puisera ses lacunes dans la dynamique de progrès.

Si cette nouvelle manière de philosopher et de classer vous surprend; si vous ne comprenez pas comment une dynamique est contenue dans une autre dynamique, tout en formant deux dynamiques très distinctes, M. Littré vous dira que c'est parce que « l'état dynamique d'évolution ou sociauxie représente, dans plusieurs de ses linéaments, l'état dynamique d'entretien ou sociergie. » Ne cherchez pas d'autres preuves, car il n'en a point. Probablement, M. Littré les réserve « pour un travail qui l'occupe depuis longtemps... »

Patience et longueur de temps, etc... !

V. — LA SOCIOMÉRIE.

Nous avons dit que M. Littré procédait de la dynamique à la statique, par la seule raison qu'il trouvait l'opération « *plus commode* ». De sorte que ni la méthode « qui prime tout », quand il s'agit de rendre Comte fou, ni la doctrine, n'ont rien à faire à la chose. C'est une pure question de commodité. Considérant alors les subdivisions de l'état statique, M. Littré dit : « La sociomérie, c'est le nom que je lui donne, se divise en deux parties, suivant qu'elle se rapporte à l'état dynamique d'entretien (sociergie), ou à l'état dynamique d'évolution (sociauxie). »

On a donc la sociomérie-sociergie et la sociomérie-sociauxie, c'est-à-dire l'état statique de la dynamique d'entretien et l'état statique de la dynamique d'évolution ou de progrès. Ceci au moins est plus logique que le contenu de la sociauxie dans la sociergie d'une dynamique dans une autre; car, s'il y a deux dynamiques, il doit aussi y avoir deux statiques. On croirait que M. Littré, ayant trouvé deux dynamiques, c'est-à-dire deux manières distinctes *d'évolutionner*, il va nous en fournir la base statique, c'est-à-dire la constitution de *l'ordre*, ou, pour employer son terme favori, la *trame* sociale ; mais il n'en est rien. Il « intercale simplement à sa place sociologique » la *démographie*, vulgairement connue sous le nom de statistique ! Cette intercalation correspond exactement à celle qu'il avait déjà faite dans la sociergie ou dynamique d'entretien, lorsqu'il y intercalait, toujours « à sa place sociologique », l'économie politique. Comment la sociomérie ou l'état statique peut-il se rapporter aux deux états dynamiques, d'entretien et de progrès, lorsque la démographie le domine à elle seule ? Où est la sociomérie de la sociergie et la sociomérie de la sociauxie ? Ce sont donc deux états dynamiques reposant sur un seul et unique état statique, la démographie ? M. Littré dira : « Je me borne à m'y référer, sans entrer dans aucune classification. » Attendons toujours ! M. Littré considère comme fort *importants* ces deux chapitres : l'un sur l'économie politique ou socioporie, l'autre sur la statistique ou démographie. « C'est par les procédés de la démographie que toute cette section (la sociomérie) doit être traitée ; ce sont ses résultats qui doivent y être instruits... C'est ce qui, dans la sociomérie (l'état statique), correspond à la sociergie (l'état dynamique d'entretien). » Comprenne qui pourra !

Quant « au point de vue sociauxique ou d'évolution », M. Littré dit : qu'il « exige un groupement tout autre que le point de vue sociergique ». Il y a plusieurs groupes : « Le premier groupe est la tribu ou le clan ; historiquement, on ne remonte qu'à la tribu, et non à la famille ; l'étude de la famille appartient à la démographie. Après la tribu vient la cité ou la commune, puis la nation, puis encore, au-dessus de la nation, les groupes des nations appartenant à un même système de civilisation ; enfin, l'humanité en perspective, comme l'a établie M. Comte. »

Dans ce dernier aveu de M. Littré, il y a,

comme d'habitude, une restriction. « Comme l'a établi M. Comte, » sauf les groupes de nations que M. Littré a trouvés tout seul : « j'ai, je crois, le premier distingué, dans l'organisation du genre humain, cet échelon que je nomme système de nations. » C'est le système des nations d'Égypte, d'Assyrie, de Phénicie, de Judée, qui passa sous la domination persane ; c'est le petit groupe grec, conquis par les Romains, d'où se forme le système gréco-romain ; c'est le système catholico-féodal et européen moderne. L'embarras est que la petite découverte des systèmes des nations, que M. Littré s'attribue complaisamment, est encore de Comte, mais avec une différence d'interprétation. Mais nous avons hâte d'en finir avec ce plan de sociologie.

VI. — LA SOCIOTARAXIE.

Après l'état normal, suivant l'exemple de Comte, il fallait aborder l'état perturbateur. A ces troubles sociaux, M. Littré donne le nom de *sociotaraxie* (trouble). Mais il y a quatre genres de perturbations ou de *taraxies*. Il y a les perturbations se rapportant « à l'état statique, à l'état dynamique d'entretien, au fortuit dans l'histoire, à l'état dynamique d'évolution ». On reconnaîtra la première taraxie par le nom de *taraxie sociomérique*; la seconde, par celui de *taraxie sociergique;* la troisième, par celui de *taraxie*... M. Littré ne l'a pas baptisée, mais c'est *alias*, « le fortuit dans l'histoire »; la quatrième, par celui de « *taraxie sociauxique* ».

« Les premières (les perturbations statiques !) relèvent de la démographie, c'est-à-dire de la ruine ou de la décadence de tel ou tel groupe social. » Comment une perturbation peut-elle relever de la *statistique ?* C'est à n'y rien comprendre.

« Les secondes (les perturbations dynamiques) relèvent de l'économie politique, c'est-à-dire dépendent d'un changement dans la production et la consommation, d'un changement dans la répartition des richesses. »

Nous venons de voir la taraxie du fortuit dans l'histoire classée par M. Littré au nombre des perturbations sociales. C'est encore là une de ses nouvelles découvertes, car le maître, très heureusement, n'a pas indiqué la part du fortuit. Mais est-il possible d'entendre parler de *fortuit* chez un positiviste plus positiviste qu'Auguste Comte? Et vos lois de l'histoire, monsieur Littré, et votre expérimentation, et votre méthode objective, qu'en faites-vous? Quoi qu'il nous en coûte, continuons de suivre le disciple.

« Les troisièmes (perturbations) relèvent de circonstances fortuites, parce qu'elles appartiennent à un autre domaine que le domaine sociologique, et partant elles interviennent comme perturbatrices; c'est ce que j'appelle le fortuit dans l'histoire. »

Comment comprendre ce raisonnement? Les perturbations sociales « ne sont point du domaine sociologique », et cependant elles produisent « des perturbations sociales »! C'est donc un esprit de l'autre monde qui s'infiltre dans la société? En effet, c'est bien du *fortuit,* celui-là. Pardon, M. Littré l'appelle « le fortuit dans l'histoire ». C'est ainsi que M. Littré souffle à chaque page, voire même dans un paragraphe « le vague, le confus, le brouillé. » Quelle différence fait-il entre « le domaine sociologique et l'histoire » ? A défaut d'explication, voici l'exemple de M. Littré : « Les exemples en sont nombreux ; je citerai celui que M. Comte citait pour un autre objet (car il n'a pas indiqué la part du fortuit)[1] : c'est un hasard par rapport à la sociologie[2] que, vers la fin de la crise révolutionnaire de France, Hoche soit mort et que Bonaparte ait vécu ; et certainement, si, inversement, Bonaparte fût mort et Hoche eût vécu, les suites immédiates de la Révolution française auraient été tout autres, bien que, à la longue, les forces progressives de l'Europe aient triomphé de la perturbation déplorable qui lui fut infligée par le premier empereur. »

[1] Fort heureusement pour le maître. Laissons cette petite trouvaille au disciple.
[2] Tout à l'heure le fortuit n'était point du domaine de la sociologie, et maintenant « c'est un hasard par rapport à la sociologie. »

Nous renvoyons M. Littré pour son fortuit aux pages du maître, où, expliquant le principe fondamental de *l'immuabilité* à travers l'évolution humaine, il tranche la question sur le *destin* du polythéisme, la *providence* du monothéisme et la *loi* du Positivisme, dans son appréciation abstraite et concrète, déductive et inductive ; où il formule ainsi sa pensée : « Alors, le mot *hasard* cesse d'indiquer l'empire du caprice, et désigne seulement l'ensemble des lois inconnues ; tandis que le *destin* résume celui des lois connues[1]. »

Qu'on n'aille pas croire que les troubles sociaux et les perturbations sociales sont des *révolutions*. Pas le moins du monde. M. Littré réserve à ce mot une autre signification. « Les taraxies du quatrième groupe, c'est-à-dire de l'état dynamique d'évolution ou sociauxie, sont ce que l'on appelle révolutions. Le langage vulgaire prend le terme de révolution en deux sens, désignant aussi bien la chute des empires que la chute des opi-

---

[1] Comte, *Politique positive*, t. IV, p. 191.

nions. Le langage sociologique précise davantage et n'admet que cette dernière acception : il y a révolution quand, par un développement, les opinions rectrices subissent une transformation. Une fois que la transformation est assez avancée pour devenir incompatible avec ce qui existe, les institutions anciennes s'écroulent, et il survient des conflits et des explosions. »

Ainsi ni les troubles, ni les conflits sociaux, ni les perturbations, ni les explosions sociales ne sont des révolutions, sociologiquement parlant. « Le langage sociologique précise davantage » et n'admet comme révolution que la chute des opinions, et non pas la chute des empires. Alors, si la chute des opinions est de la *taraxie sociauxique,* que sera la chute des empires ? Il manque donc trois nouveaux néologismes à la racine *socio :* l'un pour indiquer les troubles ou perturbations de l'état *fortuit* dans l'histoire ; l'autre pour indiquer les révolutions des *chutes des empires ;* le troisième enfin, pour baptiser la *démographie*, au même titre que l'économie politique, la morale, l'esthétique, la science et le gouvernement, et bien d'autres, pour couronner ce « Plan d'un traité de sociologie. »

Maintenant, faudra-t-il dire que nous sommes en *sociotaraxie* — en révolution — lorsque le peuple se bat sur les barricades ! Pas tout à fait, ce sera quelque chose comme en *taraxie-sociauxique;* car les premiers troubles relèvent de la démographie, les seconds de l'économie politique, les troisièmes du fortuit, et les quatrièmes des opinions.

VII. — CONCLUSION ET DÉDUCTION.

« J'ai terminé mon esquisse, dit M. Littré. Un plan n'est point un livre; mais aucun livre, aucun traité didactique ne peut naître sans un plan; je soumets celui-ci aux réflexions de mes confrères. Quelques défauts, quelques lacunes que l'on puisse, je dirai même que l'on doive y constater, il a du moins l'utilité d'offrir un ensemble coordonné. Or, toute coordination d'ensemble ouvre des vues, précise des idées, et facilite la discussion. »

Ce final est d'une modestie exquise ; mais au fond de la modestie de M. Littré perce toujours l'immodestie. Le dernier *Épilogue* de M. Littré est une dernière preuve de sa modestie, où, ne sachant comment prendre congé de ses lecteurs, il a trouvé à point la *Correspondance de Sainte-Beuve* pour entonner ses propres louanges. Le parallèle est même très flatteur pour son ami Sainte-Beuve : « Ainsi, arrivé longtemps après lui, je n'en suis pas moins arrivé *en toute chose, même au Sénat,* mais là en des conditions qui n'ont aucune ressemblance avec son entrée au Sénat de l'empire[1]. »

C'est nous qui soulignons, les mots en valent la peine. Lu entre les lignes, ce passage veut dire, qu'adhérent de l'Empire, Sainte-Beuve est entré au Sénat par la petite porte du coup d'état, tandis que le Sénateur

---

[1] Littré, *Conservation, Révolution et Positivisme.* Paris, 1879, 2º édit., p. 491. Voir tout l'Epilogue, p. 487-496, et p. 200-204.

Littré y est entré par la grande porte de la République française. M. Littré avait déjà dit : « Vers la fin, mon dictionnaire terminé, un certain renom m'était venu, même des suffrages populaires et un rôle politique que je n'avais jamais demandés[1]. » Ceux qui ont vu courir M. Littré, et ceux qui ont couru pour lui après les fauteuils à la Chambre et au Sénat, sauront à quoi s'en tenir sur la franchise et la reconnaissance du philosophe positiviste.

Nous rappelons ces passages dans le seul but de faire sentir avec quel art M. Littré sait manier cette arme de fausse modestie dans ses débats avec Auguste Comte. Tous ses écrits en font foi.

Revenons au passage de M. Littré où il termine son esquisse, et remarquons que malgré les « défauts et les lacunes » que l'on « *puisse* y constater, » il « offre un ensemble coordonné, qui ouvre des vues et précise des idées. » Ainsi, coordination, vues et idées,

---

[1] Littré, *Revue de Philosophie positive*, 1877, t. XVIII, p. 296.

rien ne manque au « Plan d'un traité de sociologie » de M. Littré. On le voit tout étonné que ses confrères de la société de sociologie, *n'aient pu* rien constater ; pas même M. Corriez, l'inventeur de la dynamique avant la statique.

Veut-on savoir pourquoi M. Littré entreprend de tracer ce « Plan d'un traité de sociologie » ? C'est parce que, disait-il, en mai 1872 : « Il y a trois ou quatre ans, M. Robin, M. Wyrouboff et moi, nous formâmes le projet de procurer la composition de six traités, représentant les six sciences abstraites dans l'ordre hiérarchique déterminé par M. Comte... C'est une entreprise laborieuse, retardée sans doute par les évènements, mais surtout par sa propre difficulté, et à laquelle, si elle est encore beaucoup différée, je ne pourrai prendre part; car je touche aux limites de la vie, et mes années ne sont plus que des années de grâce. Quoi qu'il en soit, dans ce travail commun, mon lot avait été la sociologie; et c'est pour cela que je puis, grâce à des méditations antécédentes, mettre dès à présent sous les yeux de la Société, une esquisse sans doute, mais pourtant une esquisse d'ensemble. »

Mais comment s'y prendre ? car il n'existe point de sociologie. C'est M. Littré qui va vous le dire. Voici le début de son Plan : « Tracer, pour une science encore aussi peu élaborée que la sociologie, un plan de traité est difficile; et je ne m'y engagerais pas sans une circonstance qui, m'obligeant de songer sérieusement à écrire un pareil traité, m'a obligé d'en rechercher par un travail préliminaire les principaux linéaments, tels du moins que je les conçois. »

Le final de ces deux paragraphes n'est nullement équivoque : « *Les principaux linéaments* » n'existent point, mais M. Littré « a été obligé de les rechercher par un travail préliminaire, grâce à des méditations antécédentes, » d'où « il peut mettre dès à présent sous les yeux de la société une esquisse sans doute, mais pourtant une esquisse d'ensemble. »

Mais, nous dira-t-on, vous calomniez

M. Littré, car, quand il dit « qu'il n'existe point de traité de sociologie, » il veut parler de *traité didactique*. Voyez son dernier paragraphe. Alors nous mettons sous les yeux du lecteur cet autre passage : « Il n'existe point, ai-je dit, de traité de sociologie ; il n'existe donc ni modèle, ni plan d'après quoi je puisse me régler, augmentant, abrégeant, corrigeant ; non, c'est à mes risques et périls que j'en trace une esquisse nécessairement rudimentaire, et destinée à être augmentée, abrégée, corrigée, d'après le progrès continu des travaux. »

Quand il n'existe « ni modèle, ni plan, » d'après lesquels on puisse « se régler, augmenter, abréger et corriger les principaux linéaments que l'on recherche, et l'esquisse rudimentaire que l'on s'efforce de tracer, » on demande : qu'existe-t-il ? Rien ! Donc il n'existe ni traité didactique, ni sociologie elle-même.

Maintenant le pour : « La sociologie est la science des faits et des lois qui régissent l'existence et le développement des sociétés.

Il n'existe point de traité de sociologie. M. Comte, sans qui aucun traité de ce genre ne serait possible puisqu'il est l'immortel fondateur de la science, a eu pour tâche d'une part, de séparer la *physique sociale* (ce fut le nom qu'il employa d'abord) de toutes les autres physiques, et, d'autre part, d'introduire dans l'empirisme, seul directeur des doctrines sociales, la notion de théorie et de loi... Depuis la décisive conception de M. Comte, la spontanéité et l'empirisme, pouvant cesser d'être aveugles, sont destinés à prendre des clartés d'une incalculable importance, puisqu'il devient possible, pour les phénomènes sociaux, de connaître, de prévoir et de modifier. »

Il n'existe point toujours de traité de sociologie... seulement il peut exister, parce que « M. Comte est l'immortel fondateur de la sociologie, » qu'il a introduit dans les doctrines sociales la notion de théorie et de loi et qu'il « devient possible, pour les phénomènes sociaux, de connaître, de prévoir et de modifier. » Donc, il existe un traité de sociologie et une sociologie; donc, il existe un modèle, un plan; donc, on peut se régler, augmenter, abréger, corriger à sa guise, sans que M. Littré ait besoin, — grâce à « ses méditations antécédentes » — de rechercher « les principaux linéaments, de tracer une esquisse d'ensemble. »

Quand on entend le disciple s'exprimer ainsi, soufflant le froid et le chaud, on reste ébahi. Tout le long de ses écrits on n'entend que ça. Il est bienheureux que, depuis plus de dix ans, MM. Littré, Robin et Wyrouboff n'aient pu réaliser leur projet sur la composition des six traités des sciences abstraites, et il est à souhaiter qu'ils ne puissent jamais le réaliser, ce qui est plus que probable. Si la biologie de M. Robin, et si la... nous ne savons quoi de M. Wyrouboff, venaient à égaler la sociologie de M. Littré, à la vérité, nous aurions le plus grand des gâchis positivistes qu'on pût rêver. Espérons que les « années de grâce » de M. Littré nous feront grâce de sa *sociogâchis*.

Maintenant, existe-t-il une sociologie?

Existe-t-il un traité didactique de sociologie ? Oui, oui ! Allez le chercher dans Comte, vous l'y trouverez. Nous vous le donnerons un autre jour. Pour le moment, nous sommes suffoqué de tant de divagations. Des mots ! des mots ! des mots ! comme dit le prince Hamlet[1].

Nous nous demandons seulement, si M. Littré a *rougi* de son « Plan d'un traité de sociologie » et de ses onze néologismes ? Voici pourquoi. M. Littré a bien soin de ne laisser rien traîner dans les recueils. De temps en temps, il lance un volume que les simples prennent pour quelque nouvelle production de ce prodigieux cerveau. Hélas ! il n'en est rien. C'est simplement une nouvelle réimpression telle quelle[2] de ses articles de revues. Tout au plus il retire quelque passage compromettant. Un titre qui semble dire quelque

---

[1] Après cela, que M. Littré vienne nous dire que quand Comte lut à la Société positiviste les premiers chapitres de sa *Politique positive*, « des paroles avaient frappé mon oreille, mais l'évidence ne les avait pas suivies. » — *Auguste Comte et la Philosophie positive*. Paris, 1863, p. 528.

[2] Un très petit nombre sont légèrement modifiés.

chose, embrasse une série d'articles qui ont l'air de former un ensemble de doctrines, du moins « une pensée unique,[1] » de l'aveu du disciple. M. Littré baptise ça un *demi-livre*[2]. Eh bien, la dernière réimpression de M. Littré est un gros in 8° raisin de 621 pages[3], comprenant 24 articles, dont treize sont tirés de sa « Revue de philosophie positive. » Son plan d'un traité de sociologie avait paru dans le numéro de juillet-août 1872. De cette même année, il reproduit trois articles, et saute par-dessus cette livraison, ayant donné deux articles du numéro de mars-avril, et un troisième de celui de septembre-octobre 1872. Comment se fait-il que M. Littré laisse tranquillement dormir son Plan, « cette coordination d'ensemble, qui ouvre des vues et précise des idées, » dans un coin de sa

---

[1] Littré, *Etudes sur les Barbares*. Paris, 1867, p. II.
[2] Par bonheur l'élève du disciple trouve ce titre spirituel : « Ce *demi-livre* comme l'auteur l'appelle spirituellement dans sa préface, » dit M. Wyrouboff. — *Revue de Philosophie positive*, 1872, t. VIII, p. 160.
[3] Littré, *Fragments de Philosophie positive et de Sociologie contemporaine*. Paris 1876.

revue, lorsque son volume porte pour sous-titre « fragments de sociologie contemporaine ? »

Là était la place d'honneur de son Plan d'un traité de sociologie. Il en est de même pour ses onze néologismes. Nous les avons cherchés en vain dans le dernier supplément de son Dictionnaire daté de juin 1877. Encore une fois, M. Littré *rougirait-il* de son Plan d'un traité de sociologie ?

Mai 1879.

www.ingramcontent.com/pod-product-compliance
Lightning Source LLC
Chambersburg PA
CBHW062019180426
43200CB00029B/1957